Algumas semióticas

Comunicação e Cultura

Julio Pinto
Vera Casa Nova

Algumas semióticas

autêntica

Copyright © 2009 Julio Pinto e Vera Casa Nova

PROJETO DE CAPA
Christiane Costa

EDITORAÇÃO ELETRÔNICA
Tales Leon de Marco

REVISÃO
Vera Lúcia De Simoni Castro
Ana Carolina Lins Brandão

EDITORA RESPONSÁVEL
Rejane Dias

Revisado conforme o Novo Acordo ortográfico.

Todos os direitos reservados pela Autêntica Editora. Nenhuma parte desta publicação poderá ser reproduzida, seja por meios mecânicos, eletrônicos, seja via cópia xerográfica, sem a autorização prévia da Editora.

AUTÊNTICA EDITORA LTDA.
Rua Aimorés, 981, 8° andar . Funcionários
30140-071 . Belo Horizonte . MG
Tel: (55 31) 3222 68 19
Televendas: 0800 283 13 22
www.autenticaeditora.com.br

Dados Internacionais de Catalogação na Publicação (CIP)
(Câmara Brasileira do Livro, SP, Brasil)

Pinto, Julio
   Algumas semióticas / Julio Pinto, Vera Casa Nova. – Belo Horizonte : Autêntica Editora, 2009. – (Comunicação e Cultura)

   ISBN 978-85-7526-425-6

   1. Comunicação 2. Comunicação visual 3. Cultura 4. Cultura - Modelos semióticos 5. Linguagem 6. Semiótica 7. Signos e símbolos I. Casa Nova, Vera. II. Título. III. Série.

09-08133   CDD-306.4014

   Índices para catálogo sistemático:
   1. Cultura : Semiótica : Sociologia 306.4014
   2. Semiótica da cultura : Sociologia 306.4014

Sumário

CAPÍTULO 1
Introdução à semiótica
Vera Casa Nova e Graça Paulino 7

CAPÍTULO 2
Roland Barthes: a semiologia *in extremis*
Vera Casa Nova 31

CAPÍTULO 3
Semiótica: *doctrina signorum*
Julio Pinto 35

CAPÍTULO 4
Umberto Eco: a popularização dos estudos semióticos
Julio Pinto e Vera Casa Nova 61

CAPÍTULO 5
Semiótica greimasiana: estado de arte
Ana Cristina Fricke Matte
Glaucia Muniz Proença Lara 67

OS AUTORES 77

CAPÍTULO 1
Introdução à semiótica

Vera Casa Nova
Graça Paulino

Uma escolha, uma questão, um caminho: semiologia e semiótica

Nos anos 1960, escolhia-se a denominação de tradição francesa – Semiologia – ou inglesa – Semiótica – com o desejo de marcar posição no polêmico quadro das pesquisas que se desenvolveram no século XX sobre as linguagens, enquanto sistemas de signos.

O nome francês aparecera inicialmente em 1916, quando se publicou o Curso de Linguística Geral, de Ferdinand de Saussure. Sem perder muito tempo com o assunto, o linguista fazia breve referência à necessidade de se constituir uma nova ciência que estudasse não apenas a linguagem verbal, mas os diversos sistemas de signos. A Linguística seria apenas uma pequena parte dessa ciência geral das linguagens, a que se poderia denominar Semiologia.

Saussure define o signo linguístico como a união entre um componente sonoro, o significante, e um componente conceitual, o significado. Ambos, tanto o significante quanto o significado, são linguísticos, e sua relação é arbitrária, isto é, não há correspondência necessária entre o material sonoro e o conceito. Como linguista que era, Saussure se prende ao código verbal, sem ampliar sua pesquisa para outras linguagens. Anuncia, entretanto, a constituição da nova ciência, que se daria algumas décadas mais tarde.

Os estruturalistas aproveitaram a sugestão de Saussure, não só se dedicando à construção dessa nova área de conhecimento, como também reintroduzindo a questão terminológica, que passava pela necessidade de se nomear adequadamente esse campo de estudos das linguagens.

Quando Roland Barthes publica, em 1964, *Elementos de semiologia*, embora assumindo as bases saussurianas, abre outras perspectivas para as pesquisas semiológicas, afastando-se dos modelos puramente científicos, e relacionando-as ao "conjunto do saber e da escritura"(BARTHES, 1977, p. 7). Já na obra de Greimas, Semântica Estrutural, em 1966, fica clara a opção pelo outro termo – semiótica – disseminado que estava o uso do termo na França, mesmo se mantendo afastada qualquer aproximação para com o paradigma peirciano, dominante na semiótica norte-americana.

Charles Sanders Peirce, pensador americano contemporâneo de Saussure, ao contrário deste, não se ocupou especificamente da língua. Sua Semiótica trata dos signos em geral, sem necessidade de estarem organizados em sistemas, como o linguístico. Dedicando-se à Lógica e à Matemática, Peirce constrói um aparato filosófico voltado para questões relativas à percepção e à cognição, suas causas, seus processos, suas formas sígnicas. Emprega "semiótica" com a preocupação de manter-se fiel às origens gregas do termo, ao mesmo tempo em que assim assume o diálogo com o filósofo inglês John Locke, o qual, no século XVII, introduz uma divisão das ciências que inclui, além da Física e da Ética, uma doutrina dos signos, ou semiótica, que se dedicaria ao estudo dos modos de se obter e comunicar o conhecimento.

A distância entre a semiótica americana e a europeia cada vez mais se acentuaria, visto que os primeiros se deteriam na análise dos signos. Ao proporem sua classificação, trabalham o tipo de relação que o signo mantém com o referente. Na Europa, os pensadores se deslocam em direção ao estudo de articulações de formas significantes, considerando a análise dos signos como apenas uma etapa de seu percurso.

Na verdade, a formação original grega de "semiótica" (*semeiotiké*: arte dos sinais) torna-se também adequada a uma perspectiva filosófica como a dos pensadores franceses que tentavam desprender-se de uma tradição racionalista e logocêntrica, presente no radical "logos", pensamento. A primeira associação internacional de estudos dessa natureza, fundada em 1969, em Paris, adota o termo "semiótica", definindo oficialmente uma escolha que iria tornar-se de uso corrente, inclusive em língua francesa.

Entretanto, enquanto se tentava ultrapassar a questão terminológica, permanecia o distanciamento entre as pesquisas semióticas francesa e americana. Essa separação dicotômica se revelaria, com o tempo, simplista. Os estudos semióticos na verdade se pluralizam cada vez mais, mantendo-se em desenvolvimento constante em diversos países da Europa e da América, relacionando-se a vários outros campos de conhecimento, não só linguísticos como não linguísticos. Isso permitiu a construção, por exemplo, de zoossemióticas, de ecossemióticas, de Semióticas da Música, de uma Semiótica do Gosto, de uma Semiótica das Artes Visuais, e de tantas outras.

Hjelmslev, pensador dinamarquês, afastando-se tanto de Saussure quanto de Peirce, publica, em 1943, seus Prolegômenos a uma teoria da linguagem, em que define como "semiótica" qualquer estrutura distinta das línguas naturais, mas a elas análoga. Em vez de empregar os termos saussurianos significante / significado, Hjelmslev prefere o par expressão / conteúdo, cuja relação resulta naquilo que ele chama "função semiótica". Semióticos, para Hjelmslev, seriam, portanto, todos os códigos não linguísticos, objetos de estudo da semiologia.

Essa posição possibilitaria que mais tarde se denominasse de "sistemas semióticos" as linguagens diversas, como o fez, nos anos 1960, Roland Barthes, por exemplo.

Por extensão, passou-se a usar a expressão "sistemas intersemióticos" para designar as organizações sígnicas que integram mais de um código em sua constituição. Intersemiótico seria, por exemplo, o cinema, enquanto linguagem que combina um código visual e um verbal; ou ainda a relação literatura/cinema, quando duas artes dialogam entre si, construindo um texto de dupla referência semiótica. Quando há a recriação de um texto em outro código, trata-se de uma tradução intersemiótica. É o que ocorreu no filme *Vidas Secas*, de Nelson Pereira dos Santos, que recriou a novela de Graciliano Ramos.

Para além dessas questões terminológicas, ou como algo capaz de explicar a existência delas, surge uma pergunta fundamental: qual seria o objeto da Semiótica? Seria o sentido, o discurso, a representação? Dependendo da resposta, cria-se um campo interdisciplinar diferente, seja com a Psicanálise, seja com a Lógica, seja com a Antropologia, seja com a Comunicação.

Antes de tudo, procede a preocupação de não restringir a Semiótica ao espaço limitado de uma ciência, tal como esse conceito é difundido entre nós. Pensando o signo, o sentido, o discurso ou a representação, uma ciência tradicional poderia fazer muito pouco. Melhor será considerarmos a Semiótica uma pesquisa epistemológica que pode e deve tomar a própria ciência como objeto.

> Ponto morto das ciências, a semiótica é a consciência desta morte e o relançamento do "científico", com esta consciência; menos (ou mais) que uma ciência, ela é, sobretudo, o ponto de agressividade e de desilusão do discurso científico, no próprio interior deste discurso. (Kristeva, 1974, p. 41)

Na reflexão que Barthes desenvolve sobre a natureza da semiologia em seu livro aula, afirma-se que ela não é uma disciplina, embora tenha relações com a ciência. Ela poderia ajudar certas ciências, ser "companheira de viagem, propor-lhes um protocolo operatório a partir do qual cada ciência deve especificar a diferença de seu corpus" (BARTHES, 1989, p. 38).

O objeto da semiótica será tudo aquilo que se colocar para um sujeito-leitor como passível de leitura, sendo esta o momento da produção de sentido. O objeto se tornará então um sistema de signos, ou um signo, entendendo-se este como unidade que se manifesta constituída pela função semiótica, isto é, pela relação estabelecida entre significante e significado. Ausente está o objeto em si, impossível de ser acessado. O signo substitui o objeto, na medida em que é lido em seu lugar. Assim, os carros transitando pelas ruas da cidade podem ser lidos como signos de poder econômico, de poluição urbana, de *design* automobilístico, etc. A leitura vai semiotizar os carros, transformando-os em signos, conforme o desejo e as possibilidades do sujeito-leitor, em sua inserção social.

Há uma corrente da Semiótica que considera os sistemas de significação como tendo valor em si mesmos, pela própria organização interna, independentemente do leitor. Essa estrutura sígnica seria preexistente, unindo entidades ausentes e presentes, de acordo com regras que são condições necessárias para as relações de significação. Para os que assim pensam, os signos só têm condição de existência num sistema, e esse sistema constitui um construto semiótico autônomo, simplesmente atualizado nos diversos momentos da comunicação.

De duas maneiras os "usuários" desses sistemas de significação, os códigos, podem atualizá-los: como emissores ou como receptores. Por isso, fala-se em competências e intenções do emissor, no uso do código. Com relação ao receptor, estaria pressuposto não só o conhecimento do código em si, mas também a capacidade de lidar com as particularizações nele introduzidas pelo emissor. Trata-se, de qualquer modo, de uma semiose que depende tanto da existência prévia do código, como também da possibilidade de atualizá-lo num momento concreto de comunicação.

A Semiótica do código considera esse momento apenas como um segundo momento, inteiramente dependente de uma estrutura prévia. Estaria mais próximo de um ato de reconhecimento do que de um ato de produção. Isso se dá especialmente quando a Semiótica trata da língua, do código verbal, que seria de todos o mais organizado, e o mais estável, a ponto de permitir sua abordagem pela Linguística desconsiderando-se as interferências individuais.

Entretanto, é muito pouco o ato de atualizar, quando se pensa na complexidade e na importância desse momento da comunicação. Melhor se posiciona a Semiótica quando considera dialeticamente as instâncias de significação, não isoladas, mas interdependentes. Se há um sistema, esse funciona como suporte, como direção, como limite, como possibilidade, em cada ato concreto de linguagem. Mas isso não é tudo. Importam as inserções do sujeito, seu lugar, sua interferência, assim como importam também as condições de interlocução na configuração histórica do próprio código.

Outra ainda é a perspectiva de uma Semiótica que considera a semiose como uma ação possível, independentemente da existência prévia de um sistema de significação, como no exemplo dos carros na rua. Esses foram considerados signos de poder econômico, embora não houvesse um sistema de linguagem preestabelecido. Para que uma Semiótica integre esse tipo de produção de sentido, deve considerar que tal processo ocorra no momento da leitura, da interpretação, e não num momento prévio. Não há intenções, não há emissor, não há mensagens propositais aí incluídas. Tudo se constrói no momento da leitura de mundos, que corresponde à própria construção da cultura.

Desse modo, até a natureza se torna signo ou sistema de signos. No momento em que não é aprendida em si mesma, mas é interpretada, transformada em portadora de sentidos, a natureza se torna cultura e é semiotizada. Os odores, por exemplo, nunca são neutros, nunca estão colados aos corpos de que parecem emanar. Baudelaire, n'*As flores do mal*, poetiza essa experiência, ao falar dos odores da mulher:

O perfume

> Leitor, tens já por vezes respirado
> com embriaguez e lenta gostosura
> o grão de incenso que enche uma clausura,
> ou de um saquinho o almíscar entranhado?
>
> Sutil e estranho encanto transfigura
> em nosso agora a imagem do passado.
> Assim o amante sobre o corpo amado
> à flor mais rara colhe o que perdura.
>
> Da cabeleira espessa como crina,
> Turíbulo de alcova, ébria almofada,
> vinha uma essência rútila e indomada,
> e das vestes, veludo ou musselina,
> que sua tenra idade penetrava,
> um perfume de pelos se evolava.
> (BAUDELAIRE, 1995, p. 195)

Ainda no mesmo percurso semiótico, Patrick Suskind, em *O perfume*, constrói uma personagem que, ao captar fortemente o perfume das coisas, produz outro sentido para a sua percepção, interferindo no sentido tradicional da perfumaria. Como essa personagem, todos os seres humanos estamos constantemente interferindo nos sistemas convencionais de organização de sentido, impedindo que se tornem estáticos, que se cristalizem. Embora poucos se dediquem a pensar esse fenômeno, sua existência faz parte da própria vida humana, ou, quem sabe, até também da vida de outros animais, visto que é uma pretensão julgarmos que apenas os homens são capazes de produzir sentido. Somos, sim, capazes de produzir sentido sobre sentido, linguagens sobre linguagens, porque isso corresponde à nossa existência cultural. Isso não quer dizer que a cultura seja apenas significação ou comunicação, mas que

[...] a cultura, em sua complexidade, pode ser entendida melhor se for abordada de um ponto de vista semiótico. Quer dizer, em suma, que os objetos, os comportamentos e os valores funcionam como tais porque obedecem a leis semióticas. (Eco, 1980, p. 21)

Podemos, então, trabalhar os dados culturais numa perspectiva semiótica que vai, nesse caso, dialogar com a Filosofia e as Ciências Humanas. Por sua abrangência, esse campo de conhecimento constituiria uma Semiótica Geral, capaz de lidar tanto com os pequenos atos cotidianos quanto com as ideologias, tanto com as línguas "naturais" quanto com os sinais de trânsito, tanto com a estética quanto com a comunicação de massa, tanto com os sintomas quanto com o diálogo entre médico e paciente.

Acontece que, para falar das linguagens, a Semiótica constrói uma linguagem. Não está de fora, precisa participar do jogo para assistir a ele, para pensar sobre ele. Assim, suas posições são sempre parciais, relativas, comprometidas. Não tem como objetivo falar do signo fixo e imutável, porque se faz também de signos históricos, vivenciando seus poderes, suas faltas e seu fascínio. Nem propriamente uma disciplina, nem uma ciência, mas um espaço discursivo de circulação e arejamento, "ela pode ajudar certas ciências, ser, por algum tempo, sua companheira de viagem, propor-lhes um protocolo operatório a partir do qual cada ciência deve especificar a diferença de seu corpus" (Barthes, 1989, p. 38).

Uma história da Semiótica

Embora tenha adquirido nova feição no século XX, a Semiótica tem uma longa e difusa história no Ocidente. Desde os gregos, é constante a preocupação com os signos. A expressão *semeiotiké techné* era usada na Grécia para designar a prática de diagnose e prognose na Medicina. Entretanto, é no âmbito filosófico que se desenvolve uma reflexão mais aprofundada sobre linguagens e signos.

A situação dos pré-socráticos mostra bem a interferência de uma concepção de linguagem e de pensamento em todo o processo de significação. Não se distinguindo em sua época poesia, mito e filosofia, eles ficam num espaço que aponta para a fusão entre o que se diz e o modo de dizê-lo, numa construção de conhecimento que equivale a uma fundação de mundo e de linguagem. Por isso não podemos dizer que há em seus textos uma reflexão explícita sobre a linguagem. Há, ao mesmo tempo, uma prática, uma crença e uma filosofia que se fazem linguagem.

Distanciando os lugares do mito e da poesia daquele da filosofia, a perspectiva de Platão já é bem outra ao pensar a linguagem. Sua teoria das ideias puras e eternas transforma a linguagem numa representação realizada *a posteriori*, conduzindo essas ideias ao mundo sensível, que é o mundo das ilusões. Platão retira, assim, qualquer poder da linguagem, que seria mera cópia das cópias que são as coisas. Em Crátilo, um diálogo platônico em que se questiona a exatidão das palavras, Sócrates afirma:

> Assim, então, o nome é um instrumento que serve para instruir e para diferenciar e distinguir a realidade, da mesma maneira que a lançadeira faz o tecido. [...] Um bom tecedor, por conseguinte, se servirá da lançadeira de forma adequada, e, "de forma adequada" quer dizer de forma adequada ou conveniente ao tecido ou à arte de tecer; um bom instrutor se servirá de "maneira adequada" do nome, e "de maneira adequada" significa de forma conveniente ou própria para instruir. (PLATON, 1977, p. 512)

O tecido corresponde à realidade, o que demonstra bem a prevalência do referente sobre a linguagem que é considerada mero instrumento de acesso a ele. Há, no pensamento de Platão, um centramento no significado.

Os estoicos parecem ter sido os primeiros a chamar a atenção para os signos não linguísticos. Para eles, o significante e o significado, embora distintos, ocorrem simultaneamente na linguagem, o que quer dizer que a coisa significada não precede o signo. O significante, sendo "corpóreo", não se sujeita a um raciocínio. Assim, desvinculados dos processos lógicos, os signos podem ser interpretados pelos seres humanos nas mais variadas situações de vida, em que se inclui a relação com a natureza.

Outro importante componente da semiótica estoica é a ideia de que os signos são tripartidos, isto é, constituem-se de um sinal físico, uma configuração mental e um objeto a que se referem.

Embora tenham vivido antes dos estoicos, Platão e Aristóteles trataram apenas dos signos verbais. Platão pensa a língua como representação infiel das coisas, que, por sua vez, seriam também representações infiéis das ideias. Entretanto, ao separar ideias, coisas e signos linguísticos, o filósofo assume também um modelo triádico da linguagem.

Aristóteles, tanto na Poética quanto na Retórica, parece sensível a questões semióticas. Trata dos símbolos, subdivididos em "nomes", que são convencionais, e "signos", que são naturais. Trata também dos efeitos de linguagem, das interpretações em seu processamento mental e emocional, e dos modos de organização dos diferentes códigos. Na parte referente à tragédia na Poética, ao determinar a relação entre pensamento e elocução, Aristóteles afirma:

> O pensamento inclui todos os efeitos produzidos mediante a palavra; dele fazem parte o demonstrar e o refutar, suscitar emoções (como a piedade, o terror, a ira e outras que tais) e ainda o majorar e o minorar o valor das coisas. (ARISTÓTELES, 1966, p. 89)

No Livro IV de seu poema "De rerum natura", o poeta e pensador romano Lucrécio, numa perspectiva epicurista, que identifica o bem soberano ao prazer do corpo encontrado na cultura do espírito, discorre sobre a doutrina das imagens, ou simulacros, enquanto associadas às paixões e às sensações.

A linguagem não seria, para Lucrécio, fundamentada em convenções, mas no seu caráter natural e utilitário.

O maior e último filósofo da linguagem na Antiguidade foi provavelmente Aurélio Agostinho, conhecido como Santo Agostinho.

Segundo John Deely (1990, p. 130), semioticista norte-americano,

> O papel de Santo Agostinho nesse pano de fundo grego e romano foi bem captado num resumo descritivo recente de Eco, Lambertini e Tabarroni (1986: 65-66):
>
> Foi Agostinho quem primeiro propôs uma 'semiótica geral' – isto é, uma "ciência" ou "doutrina" geral dos signos, em que o signo se torna o genus do qual palavras (onomata) e sintomas naturais (semeia) são espécies.
>
> A semiótica medieval conhece nesse ponto duas linhas de pensamento possivelmente unificáveis, sem que essa unificação tenha sido conseguida. [...] Resultante da tensão dessa oposição – provocada, por assim dizer, por Agostinho – é grande parte desenvolvimento distintamente latino da consciência semiótica.

A semiótica medieval se desenvolve em função da leitura do texto da Bíblia. Trata-se de uma reflexão religiosa sobre a linguagem e sobre a maneira com que esta representa a vontade de Deus. O leitor dos textos sagrados tem de cuidar para que sua tradução seja fiel, mas, ao mesmo tempo, alguns desses leitores, como Santo Agostinho e São Tomás, sentem necessidade de interpretar essa sua prática, acabando assim por pensar a linguagem.

Michel de Certeau (CHAMBERS, 1982), ao analisar a época de crise da ordem medieval, caracteriza o processo que denomina "leitura absoluta", quando os leitores começam a extrapolar os limites de fidelidade ao texto lido, adquirindo voz própria. De Certeau assim define os estágios do processo: o começo, em que o respeito pelo texto lido é tanto que ainda impede o diálogo; o jardim das delícias, quando o texto se torna espaço de gozo; a devoração, quando o leitor se deixa marcar; a separação, quando o leitor passa a considerar o texto um lugar de trânsito que ele atravessa para chegar ao que ainda pode ser por ele, leitor, dito. Nesse momento, o leitor se assume como sujeito de uma nova enunciação. Esse texto lido, que inicialmente seria o texto bíblico, passa a ser o mundo e qualquer outro texto. Assim se processa uma semiose, que corresponde à própria relação do homem com a linguagem.

No Renascimento, com a crise da religiosidade medieval, instala-se também outra postura quanto à fidelidade da linguagem com relação ao mundo natural, que não seria mais visto como reflexo da vontade divina. O mundo antropocêntrico do Renascimento humaniza a linguagem, e esta se desloca para o mundo, deixando de habitar esferas metafísicas, associadas à teologia. A linguagem mantém uma relação de semelhança para com as coisas do mundo: "Teatro da vida ou espelho do mundo, tal era o título de toda a linguagem, a sua maneira de se anunciar e de formular o seu direito de falar" (FOUCAULT, s.d.b, p. 34).

Nesse contexto de indagação sobre o ser da linguagem, desenvolve-se a ideia de uma complexa configuração dos signos. Esses são vistos como marcas sobre o mundo, sendo o seu conteúdo assinalado por essas próprias marcas e pelas semelhanças que as ligam às coisas. Desenvolve-se, ainda uma vez, a concepção ternária do signo: a forma, que corresponde à marca; o conteúdo, que deriva dessa marca; a relação de semelhança tanto da forma quanto do conteúdo para com a coisa designada.

Quando Boticcelli pinta *O nascimento de Vênus*, o reino vegetal parece surgir da boca da deusa, evidenciando a integração harmoniosa dos diversos níveis de existência. O Renascimento institui uma visão pansemiótica do universo, em que todos os elementos se comunicam, numa relação de ajustamento, formando redes de semelhanças e conveniências. Nada está isolado, tudo se relaciona.

Entretanto, essas relações, essas correspondências não são imediatamente apreendidas pelo homem. Existem marcas, sinais, que precisam ser decifrados. Segundo Foucault, o conhecimento do mundo exige um levantamento dessas marcas e a sua decifração no universo renascentista. Os signos naturais poderiam ser descobertos, exigindo a participação do homem, tanto no seu papel de emissor, quanto no de receptor. O ser humano permanece no centro do processo todo o tempo, a par do próprio mundo natural, com seus códigos, nos quais participam com destaque os astros.

Até os dias de hoje, a astrologia permanece fiel a essa concepção das interferências significativas dos astros sobre todas as formas de vida. Além da astrologia, várias teorias insistem nessa visão pansemiótica do universo, em que tudo é linguagem e tudo faz sentido. Há um livro do universo que funciona como o livro sagrado, determinando os destinos, dando sentido aos aparentes acasos, em suma, organizando o mundo como linguagem: relaciona os diversos componentes, estabelece uma sintaxe, decifra as metáforas aparentemente incompreensíveis, constrói estruturas possíveis, enfim configura toda uma gramática natural das harmonias. "Conhecer será, pois, interpretar: ir da marca visível ao que se diz através dela e que, sem ela, permaneceria palavra muda, adormecida nas coisas" (FOUCAULT, s.d.b, p. 54).

Essa gramática sem limites exigiria, entretanto, em certo momento, uma delimitação. Não se pode percorrer todos os elementos do universo para interpretar um signo, pois, se assim fosse, tudo ficaria lento demais, quase imobilizado enquanto processo semiótico. As semelhanças começam a passar pelas escolhas de caminhos nas interpretações: nem tudo corresponde a tudo. Há restrições que organizam o processo de interpretação, na medida em que o tornam possível. Introduz-se a noção de microcosmos, que institui limites ao universo ilimitado.

Um desses microcosmos que se fortalece no Renascimento é o da escrita. O texto interpretável é aquele demarcado por uma visibilidade que é a da escrita, visto que, ao contrário da Idade Média, com sua poesia oral, a Renascença opta pela hegemonia do texto escrito. Trata-se de uma organização restrita do universo, que tem suas regras específicas de manifestação, e permite o controle do processo de enunciação e de leitura. O livro inicia, após 1500, sua rota de expansão, com a invenção da imprensa. Segundo Robert Darnton, "foi durante o século 16 que os homens tomaram posse da palavra". De fato, somente através da materialidade da escrita, que se constitui no próprio livro, enquanto objeto cultural, semiótico, a palavra poderia ser assim "possuída". A linguagem oral não pode ser tocada, apontada, retida. *Verba volant, scripta manent*. Diz ainda Darnton (1992, p. 232), apontando o percurso desse domínio da escrita no tempo: "Durante o século 17, começaram a decodificar o 'livro' da natureza. E no século 18 aprenderam eles próprios a ler".

Só nesse pequeno mundo organizado e confiável da escrita se poderia pensar a enciclopédia como forma de compilação do conhecimento, que se deixa imobilizar em sinais de uma linguagem classificatória, material, e controlada por mecanismos de poder, visto que, enquanto se quer divulgar o saber, impõe-se uma forma de conhecimento instituído. Enfim, projeta-se uma época confiante, que aposta na escrita, na harmonia das marcas com relação ao mundo a elas semelhante, numa linguagem em que o homem se inscreve, se acerta, e se afirma.

Entretanto, a semiótica da semelhança, da harmonia e do equilíbrio se mostraria incapaz de dar contadas contradições sociais, políticas e religiosas de seu tempo. Há perseguições, preconceitos, reações contra minorias, grupos de divergência político-religiosas, contra leituras diferentes de mundo. A crise interna do pensamento renascentista equivale à irrupção de uma arte maneirista e de uma visão de mundo que vive o desregramento, a tensão, o conflito.

Um dos exemplos disso é a história do Quixote, em que Cervantes constrói um cavaleiro de triste figura que zomba da verdade dos signos, que faz uma leitura discordante, não só dos textos da tradição, como também dos de sua época. Segundo Foucault, Quixote

> [...] é o jogador desregrado do Mesmo e do Outro. Toma as coisas por aquilo que elas não são, e as pessoas umas pelas outras; ignora os seus amigos, reconhece os estranhos; julga desmascarar, e impõe uma máscara. Inverte todos os valores e todas as proporções, pois julga a cada instante decifrar signos. (FOUCAULT, s.d.a, p. 74)

A "paz" da linguagem da Renascença precisava ser recuperada, mas isso não mais seria, é claro, possível. A partir do final do século 17, a verdade universal dos signos, derivada da lógica racionalista tomará o lugar da similitude renascentista, mediada pelo homem. O humanismo renascentista se restringe, agora, pois não mais deixa espaço para a diferença, dentro do rigor racionalista e universalista que se enrijece como reação à babel do barroco.

Institui-se, assim, no século 17, uma concepção binária do signo: a coisa que representa (significante) e a coisa representada (significado). Em 1660, dois franceses, Lancelot e Arnauld, escrevem a chamada Gramática de Port Royal, uma proposta de gramática universal, que nega validade ao que as línguas têm de diferente umas das outras. O que fundamenta essa universalidade é a lógica das ideias. Sendo a língua mera representação das ideias, espelho do pensamento, não pode ser considerada em seu caráter fragmentário, e, sim, em sua unidade: a razão é universal. A sintaxe toma o lugar central da gramática, correspondendo à ordenação das partes por uma lógica imutável e natural de todas as línguas. Torna-se impossível trabalhar com uma teoria das significações, já que, na concretude das linguagens que se disseminam socialmente, o estabelecimento da gramaticalidade é impensável. Nessa perspectiva, a semântica só pode ser entendida como parte da lógica.

Como assinala Winfried Noth (1995, p. 43), "o processo semiótico fica completamente confinado à mente, desde a recepção até a compreensão final do signo." A Gramática de Port Royal institui, assim, a separação do significado com relação ao referente, às coisas em si, que ficam fora do percurso do sentido. O significado como produção mental passa a fazer parte da história da linguística, abrindo o caminho que dois séculos depois seria trilhado por Ferdinand de Saussure. O signo deixa de ser pensado em seu modelo triádico (que inclui a coisa significada), para assumir a binaridade significante/significado.

Na Idade Moderna, acentua-se a tendência de unir o estudo dos signos à Filosofia, especialmente em sua vertente constituída pela Lógica. Mistura-se, assim, a teoria da linguagem à teoria das ideias. Grandes pensadores, como Leibniz, Bacon, Locke, Hobbes, Berkeley, todos anglo-saxões, revelam que o ponto de partida para o percurso da semiótica se torna a lógica e a epistemologia. Entretanto, essa "mistura" das ideias com as palavras nunca é total, visto que as primeiras precedem e presidem a existência das segundas.

O racionalismo que conduz a semiótica do século 18 exclui da reflexão sobre as linguagens o imaginário, com suas metáforas, suas similitudes alógicas, seus deslocamentos e suas fragmentações. É como se a linguagem pertencesse exclusivamente ao âmbito da Razão. As línguas naturais, por isso, são consideradas imperfeitas, imprecisas, arbitrárias. Nelas não há, como percebe Condillac, correspondência perfeita entre signo e significado. Os lógicos buscam leis universais. Por isso, a linguagem da ciência é que seria a linguagem bem feita, e seu modelo é a matemática. Nessa teoria geral dos signos, em sua relação com os conceitos, não há lugar para a arbitrariedade. Por outro lado, essa linguagem se basta a si mesma, excluindo os referentes externos e concretos. Assim, abre um primeiro e antigo caminho para uma abordagem estruturalista, que seria, mais tarde, capaz de trabalhar os códigos como sistemas de relações, em que os valores se formam enquanto opositivos, isto é, enquanto articulados por semelhanças e diferenças.

No século 18, o espaço possível para a inclusão do imaginário na linguagem seria a estética romântica. Os românticos consideravam estar ampliando o campo do "dizível", embora clamassem pela compreensão. Sentem-se mal lidos, mal entendidos, vítimas de um padrão social que não é capaz de integrar paixões, sonhos, estados íntimos em geral. Entretanto, a estética romântica funciona quase que como uma negação da própria linguagem, visto que o artista quer desnudar sua alma, quer uma sinceridade absoluta no que diz. As palavras cobririam, velariam a verdade dos sentimentos, e, por isso, o leitor deveria ser capaz de transpô-las, de ultrapassá-las, para descobrir a essência. Mas, como falar em verdades, se o campo é o dos sentimentos e das paixões, que é um campo particular fluido, alógico? Essa contradição interna da linguagem romântica acabaria por separar mais radicalmente os territórios de uma linguagem científica que se quer colada ao referente, objetiva, neutra e "verdadeira", de outra linguagem que se mostra metafórica, ambígua, simbólica, criadora de efeitos de sentido.

Retórica e semiótica

Considerar o significado como efeito da própria linguagem já era uma tradição no campo da retórica, seguindo o caminho aberto pelos sofistas na Grécia antiga. Os sofistas, atacados tanto por Platão quanto por Aristóteles, por considerarem o sentido um efeito do discurso, sem compromisso com a verdade, inauguraram o que poderíamos denominar uma "filosofia da linguagem." Essa era vista pelos sofistas como persuasiva por natureza, e não por exigências externas, ligadas aos fatos e às coisas, ou, melhor dizendo, ao referente.

Uma linguagem que é persuasão todo o tempo está necessariamente voltada para o outro. Aliam-se, pois, na visão sofística, uma pragmática e uma poética, isto é, a preocupação com as condições práticas da comunicação e, por outro lado, o desenvolvimento da beleza do discurso. Em Atenas, predominaram interesses educacionais, e os sofistas, insistindo "no correto uso da linguagem, passaram de seu interesse por falar em público a iniciar estudos de filologia e de gramática, de etimologia e distinção de sinônimos" (GUTHRIE, 1988). Os sofistas sicilianos desenvolveram os recursos estilísticos voltados para tornar mais bela a fala, assim se aproximando do que fazem os artistas da palavra, poetas e prosadores.

A eloquência, tornada sinônimo da retórica clássica, não era a prática sofística, uma vez que tinha compromissos éticos e se prendia à expressão de ideias anteriores à própria linguagem. Para Platão, a única retórica verdadeira era a filosofia. Já Aristóteles reafirma as relações entre retórica, dialética, ética e política. "Não se deve persuadir sobre o imoral", afirma ele em sua *Arte retórica* (livro 1). A dialética deveria permitir a distinção entre o falso e o verdadeiro. Como tal distinção está voltada para o bem na vida pública, adquire sentido político a ação retórica como um todo. A suprema arte seria a Política, por ter como objetivo maior a garantia de felicidade na polis.

Os romanos transformariam os objetivos da Arte retórica em objetivos políticos assumidos, não mais com sentido ético dominante, mas com espírito prático e profissional. As duas grandes obras de Cícero são *De inventione oratoria* e *De oratore*, que tratam das qualidades do orador, inovando pouco no sentido filosófico dessa prática discursiva. Sua originalidade consiste em refletir sobre o gosto e o estilo, mostrando suas funções na vida pública. Mas é a época de Quintiliano que constitui o apogeu da retórica romana. Sistematiza-se seu ensino, começando pela gramática e chegando à produção escolar de discursos políticos fictícios. Essa visão romana da retórica viria a desenvolver-se sobremaneira no século XIX, embora nunca tenha deixado de presidir a educação das camadas dominantes, em seus diversos estratos e configurações históricas: nobres, religiosos, burgueses e outros.

Tal "desenvolvimento" seria considerado por alguns pensadores, como Todorov, uma espécie de morte da retórica clássica, sinônimo da *eloquentia*. Não mais a retórica seria vista como uma organização dependente de objetivos exteriores à própria linguagem, tais como o de, em caráter excepcional, querer o emissor persuadir o receptor, mas uma retórica vista como integrante da própria natureza da linguagem, na medida em que, não existindo *a priori* uma "coisa" a ser significada, todo significado passa a ser efeito, construção de sentido, que depende não só da estrutura estável do código, como também da maneira como esta é resgatada, recortada e tornada atuante na situação de discurso.

Segundo Umberto Eco, nos tempos modernos foi-se reduzindo o número de discursos baseados numa autoridade inquestionável ou numa dedução lógica irrefutável, enquanto se foi ampliando o espaço de discursos dependentes de consensos, atuações sobre o interlocutor, elementos emocionais. A Razão teria sido lentamente trocada pela razoabilidade, e esta jamais se separa da linguagem, mesmo quando existe a ameaça do engano, do exagero, das crenças cegas:

> Nesse sentido, a retórica, de arte da persuasão que era, – quase entendida como fraude sutil – está sendo mais e mais encarada como técnica de um raciocinar humano controlado pela dúvida e submetido a todos os condicionamentos históricos, psicológicos, biológicos de qualquer ato humano. (Eco, 1971, p. 73)

A revalorização da retórica poderia ter ocorrido desde o início do nosso século, na esteira de uma mudança de paradigmas epistemológicos correspondente ao questionamento do modelo positivista de verdade, derivado das Ciências Exatas e Biológicas do século 19. Segundo Barilli,

> No princípio há o obscuro e o confuso, o global e o complexo, e não certamente a clareza e evidência de princípios, ou postulados, ou axiomas, segundo a pretensão que sempre se manifesta, de todo o pensamento analítico. E é ainda acrescentado a este pacote de teorias do obscuro e do confuso o contributo excepcional da psicanálise freudiana [...]. (BARILLI, s.d., p. 136)

Ainda no século 19, antes da psicanálise, no âmbito da filosofia, a grande ruptura se daria com o pensamento de Nietzsche, que viria abalar o edifício da teoria clássica do conhecimento. Para Nietzsche, haveria uma metafísica do signo que faria corresponder a verdade ao transcendente. Tratar-se-ia de uma construção de linguagem – uma retórica – dedicada a sustentar o aparato metafísico ocidental. O filósofo, na visão de Nietzsche, estaria destituído dessa verdade absoluta que julgava portar, e colocado em outro lugar, no mundo concreto e relativo.

A psicanálise freudiana constitui, de certo modo, uma retórica e uma semiótica, na medida em que vai propor uma teoria das significações que leva em conta a construção de sentidos e a sua reconstrução – interpretação. Na construção de linguagem que é o sonho, impera a lógica do desejo através de deslocamentos e condensações. Quando esse processo se organiza simbolicamente na dimensão verbal, a lógica se torna outra, visto que a organização da narrativa do sonho atende aos princípios da sedução, da interlocução (FREUD, 1972).

É possível estabelecer um paralelo entre o modo como Freud articula presença e ausência na cadeia discursiva – uma adquirindo significação em função da outra – e o pensamento de Saussure. Este linguista propõe a articulação de dois eixos da linguagem, o paradigmático e o sintagmático, funcionando o primeiro enquanto rede de possibilidades, e o segundo como escolha já concretizada na superfície do discurso que se organiza. Aquilo que está no discurso só adquire significação porque se projeta numa ausência, que é o que poderia ter sido dito e não foi. A linguagem, verbal ou não, articula-se, portanto, entre o dito, o entredito e o interdito. A superfície do discurso constitui a cadeia sintagmática. As possibilidades do dizer, que permanecem latentes, constituem o eixo paradigmático.

Essa teoria da linguagem, que vai articular o discurso existente com suas dimensões possíveis, negadas, "esquecidas", faz com que a retórica deixe de ser também uma retórica da presença, da expressividade, apenas da cadeia sintagmática. Por outro lado, abre a possibilidade de se vislumbrar uma retórica em todo e qualquer discurso, mesmo o científico e o filosófico.

Somente com Perelman, nos anos 1950, faz-se uma espécie de conciliação entre a lógica aristotélica e os novos caminhos das Ciências Humanas e da retórica. Definindo campos diferentes para as linguagens, ele admite que, na linguagem matemática, por exemplo, há espaço para demonstração e verdade, enquanto em outras linguagens dominam a argumentação e a persuasão. O grande mérito de Perelman é reconhecer essa diferença sem transformá-la numa hierarquia, em que uma linguagem seria superior à outra.

O Tratado da Argumentação de Perelman se apresenta como uma ruptura da concepção de razão e de raciocínio cartesiano, que marcou a lógica e a teoria do conhecimento ocidental por três séculos, durante os quais a ausência dessa lógica tinha sido equiparada à loucura dos instintos ou à violência. Evidenciando que todo discurso de opinião exige argumentos dirigidos necessariamente a um interlocutor, Perelman opta pela persuasão como mecanismo dialógico próprio da filosofia e das outras linguagens que não se restringem à demonstração matemática. Se a produção de sentido se associa a um efeito do discurso, a forma como este se apresenta se torna extremamente relevante:

> [...] reduziu-se o estudo da retórica, concebida como arte de bem falar e de bem escrever, a uma arte de

expressão do pensamento puramente formal. Contra essa concepção, que está na origem da degeneração da retórica, de sua esterilidade, de seu verbalismo, e do desprezo que ela finalmente inspirou, é que nós devemos nos insurgir. Recusamos a separação, no discurso, de conteúdo e forma, e recusamo-nos também a estudar as estruturas e as figuras de estilo independentemente da finalidade que elas devem cumprir na argumentação. (PERELMAN; OLBRECHTS-TYTECA, 1970, p. 192, tradução nossa)

Ferrater Mora destaca a importância de Perelman para a filosofia no que diz respeito à caracterização da argumentação filosófica, que funcionaria como um dos possíveis modelos de argumentação. A visão de Perelman, quando ele se propõe romper com uma concepção cartesiana da razão, o faz em nome de um "amplo quadro dentro do qual se inserem os múltiplos e variados meios discursivos" (MORA, 1986, p. 2.540).

A nova retórica de Perelman, em certo sentido, retoma a tarefa de Nietzsche, de colocar a filosofia em outro lugar, fora da verdade absoluta. A filosofia, segundo Perelman, expõe opiniões plausíveis, com argumentos também dotados de plausibilidade, e sempre passíveis de revisão. Tomando a filosofia como retórica, Perelman transforma também a retórica num campo filosófico. A retórica deixa de ter o sentido pejorativo que tinha adquirido no senso comum, e passa a ser vista como o estudo dos meios de argumentação, que não dependem da lógica formal, e que permitem obter ou ampliar a adesão do interlocutor. Barilli destaca a definição que faz Perelman do público: não só um conjunto de mentes, mas também presenças sensoriais e afetivas, cujo contexto pode sempre transformar e ampliar o percurso dos sentidos.

O desenvolvimento dos estudos sobre linguagem publicitária, a proposta marxista de trabalhar a relação linguagem / ideologia, e certos encaminhamentos formalistas dos estudos poéticos levam, nos anos 1960, a um verdadeiro renascimento da retórica, preparado desde o início do século.

A revista francesa Communications, surgida em 1961, desenvolve sistematicamente estudos sobre os sentidos das mensagens transmitidas pelos meios de comunicação de massa: imprensa escrita, rádio, televisão, nos quais se destacam as mensagens publicitárias. Nesses trabalhos, não só se faz a análise semiológica e retórica dos discursos modernos, como também se desvela a manipulação ideológica que os dirige e sustenta.

Em 1964, Barthes publica um artigo que se tornaria referência para esses novos estudos da retórica: "A Retórica da imagem", mostrando que, com a Semiologia, a perspectiva retórica estaria reencontrada, já que a abordagem semiológica se interessava pelo discurso e pela representação visual. Barthes analisa os códigos e as redes de significação de uma imagem publicitária, do ponto de vista semiótico. Abre-se como isso a possibilidade de se analisar mensagens não verbais em sua produção de sentido e sua atuação sobre o outro, levando-se em conta a rede sociocultural. Moda, publicidade, cinema, fotografia, tudo isso funciona como linguagem, são sistemas de signos. Barthes tem como hipótese a existência de uma retórica formal na base de todo sistema de significação: "É provável que exista uma só forma retórica, comum, por exemplo, ao sonho, 'a literatura e 'a imagem" (BARTHES, s. d., p. 49, tradução nossa).

Referências

ARISTÓTELES. *Arte retórica*. (livro 1)

ARISTÓTELES. *Poética*. Porto Alegre: Globo, 1966.

BARTHES, R. *Aula*. São Paulo: Cultrix, 1989.

BARTHES, R. *Elementos de semiologia*. São Paulo: Cultrix, 1977.

BARTHES, R. *Rhetorique de l'image*. Communications 4, Seuil, s.d.

BAUDELAIRE, C. *As flores do mal*. Tradução e notas de Ivan Junqueira. Rio de Janeiro: Nova Fronteira, 1995.

BARILLI, R. *Retórica*. Lisboa: Editorial Presença, s.d.

CHAMBERS, R. *et al*. *Problèmes actuels de la lecture*. Paris: Clancier-Guenaud, 1982

DARNTON, R. A história da escrita. In: BURKE, Peter (Org.). *A escrita da história*. São Paulo: UNESP, 1992.

DEELY, J. *Semiótica básica*. São Paulo: Ática, 1990.

ECO, U. *Tratado geral de semiótica*. São Paulo: Perspectiva, 1980, p. 21.

ECO, U. *A estrutura ausente*. São Paulo: Perspectiva, 1971.

FOUCAULT, M. *As palavras e as coisas*. Lisboa: Martins Fontes/ Portugália, s.d.a.

FOUCAULT, M. *As palavras e as coisas*. Lisboa: Portugália, s.d.b.

FREUD, S. *A interpretação dos sonhos*. Rio de Janeiro: Imago, 1972, v. 4.

GUTHRIE, W. K. C. *Historia de la filosofía griega*. v. 3. Madrid: Editorial Gredos, 1988, p. 181

KRISTEVA, J. *Introdução à semanálise*. São Paulo: Perspectiva, 1974.

MORA, F. *Diccionario de Filosofía*. Madri: Alianza Editorial, 1986, v. 3.

NOTH, W. *Panorama da Semiótica*. São Paulo: Annablume, 1995.

PERELMAN, C.; OLBRECHTS-TYTECA, L. *Traité de l'argumentation*. Bruxelas: Editions de l'Université de Bruxelles, 1970.

PLATON. *Obras completas*. Madrid: Aguilar, 1977.

CAPÍTULO 2

Roland Barthes: a semiologia *in extremis*

Vera Casa Nova

Je crois qu'il sera difficile d'oublier et de laisser mourir son enseignement.

UMBERTO ECO sobre BARTHES

No dia 26 de março de 1980, morria Roland Barthes, um dos mais notáveis semiólogos e exemplar intelectual da França das últimas décadas do século XX. O que teria de importante a obra desse filósofo da linguagem?

Em rápidas pinceladas, tento aqui mostrar essa importante contribuição à semiologia. O livro *Grau zero da escritura* (1953) abriu para os estudos literários a possibilidade de um olhar de suspeição sobre os discursos. Iniciava-se, assim, a análise semiológica do discurso. Barthes nos mostra aí o signo em seu valor ideológico. Há uma mudança da postura crítica radical. Com *Michelet* (1954), o discurso histórico também era repensado. Ao lado dessa obra, *Mythologies* (1957) corroborava a necessidade de outro tipo de análise dos fatos da cultura de massa e aí é inserido o estudo dos mitos que essa cultura trazia em seu bojo. Em *Sur Racine* (1963), o texto se impõe, a textualidade é reivindicada como sistema.

Elementos de semiologia (1965) abre espaço para a análise semiológica em moldes, inicialmente, saussurianos, mas tentando, já nesse momento, ultrapassar as fronteiras da linguística de Saussure e Martinet. Nessa obra, chama a atenção para uma disciplina: a semiologia.

Barthes, já nessa época, mostrava-nos o texto sobre o escrever e sobre a leitura, numa atitude filosófica e política de ver o signo.

Ruptura de todo e qualquer sistema de servidão, a língua, como sistema de valores, constitui, segundo esse autor, uma ideologia opressora. Não há diferença entre linguagem e ideologia.

Esse novo olhar sobre o signo leva a marca de outro trabalho de texto, diferentemente do que vinha sendo feito pela crítica, pela hermenêutica. Não se tratava mais de buscar o sentido correto, único, mas a sua pluralidade.

Em *Critique et verité* (1996), alguns lugares se diferenciam. Escrever é, de certo modo, fraturar o mundo (o livro) e refazê-lo, ou ainda "ler, escrever: de um desejo ao outro vai a literatura, daí que a crítica é somente um momento dessa história na qual entramos e que nos conduz à unidade – à verdade da escritura" (1994, v. 2, p. 51).

Sistema da moda (1967) nos mostra um leitor da moda, ou melhor, das imagens da moda. Ainda sob a marca do estruturalismo, Barthes estuda a poética da roupa em suas formas de descrição e de conotação retórica.

A grande virada se realiza em *S/Z* (1970). Aí reside uma teoria e uma prática de leitura que ficariam na história da crítica literária e identificariam para sempre as teorias de leitura e de texto que se seguiram.

Estudando um texto de Balzac – *Sarrasine* – passo a passo, via lexias, estrutura sua leitura através de códigos presentes no conto. Vozes, citações, índices, signos, ironia, paródia, relato são alguns dos elementos analisados. A importância do significante ganha espaço maior.

Em 1970, Barthes publica *O império dos signos*, verdadeira semiótica da imagem e da cultura japonesa. A escrita japonesa, o teatro, o *haicu*, a arte do papel, o jardim, entre outros signos, são observados por esse escritor, que descobre no Japão a ideia de fragmento, através do *haicu*, e a noção de corpo, tal qual a representa o teatro tradicional, o *buranku*. Retornando ao signo literário, Barthes escreve *Sade, Fourier, Loyola* (1971), mostrando a pertinência da relação corpo e escritura, e o que seria uma definição semiológica do texto e de como o texto é objeto de prazer.

De certa forma, essa obra prepara *O prazer do texto* (1973), no qual Barthes desenvolve uma teoria do texto baseada no desejo. "O texto que você escreve deve me dar prova que ele me deseja", ou ainda "a escritura é isto: a ciência dos gozos da linguagem, seu *kama sutra*".

Roland Barthes por Roland Barthes (1975) nos mostra o seu corpo. Ele fala diretamente do próprio corpo, em seu aspecto físico, via fotografias. Sua experiência primeira com os sentimentos experimentados por um espectador, "um amador", segundo suas palavras.

Fragmentos de um discurso amoroso (1977) inaugura um gênero escritural e marca radicalmente um novo olhar: "*Jouer avec sens*". Trata-se de um texto teórico e, ao mesmo tempo, um romance, ou seja, teoria e prática escriturais (??).

Aula (1978) é uma aula inaugural no Colégio de França. Um exercício de prática semiológica, de "*renversement*" do poder/saber que lhe era dado, como professor naquela escola.

Sollers escritor (1979) recoloca conceitos como o de drama, poema e romance com base na obra de seu contemporâneo Philipe Sollers.

A câmara clara: nota sobre fotografia (1980) é, simultaneamente, um livro sobre a fotografia e sobre a morte. A morte do instante. Nesse texto, Barthes nos indica a fotografia como forma escritural, observando dois esquemas fundamentais para sua leitura: o *studium* e o *punctum*.

O grão da voz (1981) é um conjunto de entrevistas realizadas entre 1962 e 1980. Aqui também o percurso da ética do signo se faz contundente. Música, artes plásticas, fotografia, o papel do intelectual. Temas variados sobre o olhar arguto e atento do semiólogo.

Em *Óbvio e obtuso* (*Ensaios críticos III*, 1982), Barthes distingue níveis de sentido. Um nível informativo (nível de comunicação): um nível simbólico (nível de significação) e um terceiro sentido errático por excelência – a significância. Livro de importância capital, mostrando o amadurecimento de um pensar, sempre em fracasso.

Os *Ensaios críticos IV – Le bruissement de la langue* (1984) mostram textos importantes sobre a leitura, a escritura e a imagem. São questionamentos sobre o sentido, escutando os ruídos da linguagem – linguagem que é a natureza do homem.

Muita coisa poderia ser dita ainda sobre Roland Barthes, mas cabe a seus pósteros continuarem sua leitura para que sua obra seja desdobrada e posta em seu devido lugar, o de uma semiologia *in extremis*.

Referências

BARTHES, R. *Oeuvres complètes*. v. 1 e 2. Paris: Seuil, 1994.

CASA NOVA, V.; GLENADEL, P. (Orgs.). *Viver com Barthes*. Rio de Janeiro: 7 Letras, 2005.

CAPÍTULO 3

Semiótica: *doctrina signorum*

Julio Pinto

Há dois começos possíveis para esta discussão, e nenhum deles é o marco zero, já que tudo começa em meio a lugar nenhum. Um primeiro é o óbvio: a linguagem é o cimento, algo sem o qual nada se constrói, individual ou socialmente. E um segundo lugar para começar, tão bom como qualquer outro, é falar de um engano. Como a semiótica pode ser definida, tal como o fez Eco, como uma teoria do engano, há logo que se desfazer um equívoco sobre essa doutrina, muito comum entre os que a veem de fora. Por isso, tal erro vem sacramentado em muito texto que busca ser descritivamente adequado ao tratar desse misterioso conjunto de conceitos, a semiótica. Procuro desfazer o equívoco sem a menor pretensão de erradicá-lo, naturalmente. Pretender viver sem equívocos é sucumbir a uma enfermidade muito comum em nosso meio, *id est*, é pretender que, com definições claras, as significações sejam sempre unívocas e puramente referenciais. Pior: é pretender que as explicações expliquem.

Muita gente pensa que a semiótica repousa na imanência da linguagem e tem como objeto o texto, qualquer que seja ele, abstraído de um *locus*. A busca semiótica seria, nessa visão equivocada, por uma espécie de *das Ding* textual.

A bem da verdade, há muitos trabalhos que se dizem semiótico-semiológicos que acabam confirmando essa visada ontológica. Por outro lado, o senso comum nos dita que uma mesma coisa sempre pode ser vista por mais de um ângulo. Em certo sentido, é isso que se propõe aqui: ao se falar em semiótica, não se pode desentranhar os textos (em seu sentido mais amplo, isto é, qualquer organização de signos, verbais ou não, que, de alguma forma, produz significação) de suas condições de produção e de suas condições de recepção, já que a semiótica não é uma semântica, mas uma pragmática (no sentido linguístico do termo), que pensa a linguagem em operação nos contextos, e não instanciada em textos desencarnados de sua socialidade.

Doctrina...

Dito isso, a que vem a semiótica? Correndo o risco de ser redundante ou tautológico, mas já sendo, a semiótica é um ponto de vista sobre o signo e os processos de produção de sentido. Esse ponto de vista se assenta numa visão tripartite que tem como foco o que vem a ser, alternativamente, a produção, a percepção, a interpretação, a sensação, a compreensão, a experiência e a vivência dos signos. Ela é, por conseguinte, e também alternativamente, uma epistemologia, uma fenomenologia, uma lógica e uma pragmática que fala do perene vir a ser dos sentidos, mas, certamente, uma coisa ela não é: uma metafísica textual. Deely (1995)[1], prefaciador da edição eletrônica dos *Collected Papers* de Peirce, aponta com veemência o caráter pragmaticista da teoria dos signos:

> Charles S. Peirce tem sido, até agora, conhecido no meio acadêmico como uma figura de suporte à ascensão

---

[1] Todas as citações subsequentes aos Collected Papers serão a esta publicação, na forma tradicional dos estudos peircianos. A forma tradicional de citação aos Collected Papers é o uso da Sigla CP, seguida do número do volume e o número do parágrafo separados por ponto (ex. CP 1.124)

do Pragmatismo, um mentor dos reais e conhecidos protagonistas do movimento, William James e John Dewey. Essa enganosa identificação está em processo de mudança, e a literatura que dá fundamento à compreensão de Peirce na arquitetura estabelecida da filosofia moderna, particularmente em sua oposição ao debate entre realismo e idealismo, tal como se encontra na obra de Buchler e Thompson, já está sendo incluída no gênero das interpretações *passés*.

Não se trata apenas do fato curiosamente subestimado – exceto pelo estudo pioneiro de Apel em 1970, *Der Denkweg von Charles S. Peirce: Eine Einführung in den amerikanischen Pragmatismus* [Frankfurt am Main: Suhrkamp Verlag], sabiamente renomeado *From Pragmatism to Pragmaticism* por J. M. Krois na tradução inglesa (Amherst, MA: University of Massachusetts Press, 1981) – de que, apesar da disposição que todos têm de atribuir a ele a cunhagem original do termo "pragmatismo" como um nome filosófico, Peirce se desviou do desenvolvimento pragmatista clássico a ponto de dar à sua própria postura filosófica um novo nome, "Pragmaticismo". Essa é uma questão de fundo para a principal perspectiva a partir da qual Peirce vem pensar os problemas da filosofia, o ponto de vista da *semiotic*, como ele mesmo a chamou, lembrando Locke, ou da *doctrina signorum*, como tanto Locke quanto Peirce alternativamente a chamavam, sem estarem familiarizados com o anterior desenvolvimento ibérico dessa óptica através dos trabalhos sucessivos de Domingo de Soto (com a sua *Summulae* ou *Introdução à Lógica* de 1529, Pedro da Fonseca (1564) e os Conimbricenses (1607) ... e a síntese do *Tractatus de Signis* [Tratado sobre os Signos] de João Poinsot, de 1632.

A semiótica é, pois, uma *doctrina signorum*, uma teoria dos signos. O que é um signo, senão qualquer objeto que esteja no lugar de (fala de, substitui, representa, produz, etc.) outro objeto e, ao fazer isso, elicita um objeto análogo, *mas não igual*, que está no lugar de (fala de, substitui, representa, produz, etc.) aquele segundo objeto da mesma maneira que o primeiro objeto o faz? O fato de o terceiro objeto não ser análogo aos outros dois já nos mostra que isso de referencialidade pura é pura idealização positivista. Corroborando tal ideia, vem outra das inúmeras caracterizações que Peirce faz do signo / *representamen*:

> Um *representamen* é um sujeito de uma relação triádica com relação a um segundo, chamado seu *objeto*, para um terceiro, chamado seu *interpretante*, essa relação triádica sendo tal que o representamen determina que seu interpretante participe na mesma relação triádica com o mesmo objeto para algum outro interpretante.[2]

Insistindo que o interpretante não é o intérprete, mas o conteúdo de uma interpretação, é azado frisar que ficam patentes, aqui, dois aspectos importantes da teoria semiótica: o primeiro é a infinitude do processo, na medida em que um interpretante sempre será o elicitador de outros interpretantes futuros, num constante devir. O segundo é a fundamentação da noção de *semiose*, produção infinita de sentido, através da qual uma relação com um objeto, em diadicidade, deve necessariamente produzir uma interpretação terceira. A semiose é exatamente essa produção incessante de interpretantes como resultado da ação de uma energia semântica, por assim dizer. Essa constatação do terceiro termo, o interpretante, talvez seja a contribuição mais importante que Peirce fez ao pensamento sobre o comportamento e a função dos signos na(s) linguagem(ns). Lembramos que, para essa semiótica, a noção de linguagem inclui a verbal, mas vai muito além dela

---

[2] Tradução de CP 1.541: "*A REPRESENTAMEN is a subject of a triadic relation TO a second, called its OBJECT, FOR a third, called its INTERPRETANT, this triadic relation being such that the REPRESENTAMEN determines its interpretant to stand in the same triadic relation to the same object for some interpretant.*" A rigor, *representamen* e signo são conceitos que, apesar de muito parecidos, apresentam pequenas diversidades que não cabe comentar neste contexto.

para qualquer produção de sentido sob qualquer disfarce. Linguagem, para nós, é o *medium* de um jogo de presença *versus* ausência, ou como diria Husserl pela boca de Derrida, "a instância em que poderiam unir-se a vida e a idealidade" (DERRIDA, 1994, p. 16). Analogamente, Peirce colocaria essa relação como algo que promoveria a união entre a pluralidade da substância e a unidade do ser.

Além do mais, essa forma de caracterizar o signo, isto é, uma relação de representação, demonstra estar calcada em um pensamento categórico, na medida em que busca tratar as diversas formas possíveis de relação com um fenômeno. Peirce denomina tais categorias de *Firstness, Secondness, Thirdness*, e eu as traduzo como Primeireza, Segundeza, Terceireza, em atitude de fidelidade ao escopo e à carga semântica do sufixo-*ness* em inglês, formador de abstratos, mas não um sufixo culto e, portanto, não passível de tradução como-*idade* (como em Primeiridade, etc.). Essas categorias constituem toda a base deste pensamento semiótico e seu entendimento é absolutamente necessário para se julgar a justeza do jogo conceitual a que a semiótica se propõe. Esse jogo conceitual, obviamente, é bem mais que uma mera atividade lúdica – apesar de, suspeito eu, também sê-lo em boa medida –, mas não deixa de ser jogo, à medida que conjuga – joga com – elementos constitutivos da própria cognição. Como diz Peirce,

> Cada fenômeno de nossa vida mental é mais ou menos como a cognição. Cada emoção, cada explosão de paixão, cada exercício da vontade, é como a cognição. Mas modificações da consciência que sejam semelhantes têm algum elemento em comum. A cognição, portanto, não tem nada distintivo e não pode ser considerada como uma faculdade fundamental.[3]

---

[3] Isso está em Buchler, 1955, p. 94. A tradução é nossa de *"every phenomenon of our mental life is more or less like cognition. Every emotion, every burst of passion, every exercise of will, is like cognition. But modifications of consciousness which are alike have some element in common. Cognition,*

Há, nessa enganosamente singela passagem, pontos que mereceriam longa discussão. Entre eles, a afirmação de que a cognição não seria uma faculdade fundamental, mas algo que toma em conjunto certa quantidade de elementos que, esses sim, fundamentais, poderiam ser subsumidos sob pelo menos três grandes cabeçalhos, representados por três frases: um, "cada emoção, cada explosão de paixão"; dois, " cada exercício da vontade"; e três, "modificações da consciência ... algum elemento em comum." Isso de alguma forma nos lembra Husserl, com sua aguda discussão da *Bedeutung* (o querer-dizer) e o argumento de que o noema não pertence realmente à consciência e, por isso mesmo, temos a segurança de que a presença na consciência pode ser repetida indefinidamente.[4] Por tudo isso, afigura-se necessário fazermos um pequeno trabalho de aprofundamento das caracterizações que o próprio Peirce faz de cada uma dessas instâncias da consciência, a começar pela Primeireza:

> A primeireza é o modo de ser que consiste no seu sujeito ser positivamente tal como é, independentemente de qualquer outra coisa. Isso pode ser apenas uma possibilidade. Pois enquanto as coisas não agem umas sobre as outras, não há sentido em dizer que elas têm algum ser, a menos que seja que elas são de tal forma que isso as coloca em relação com outras. O modo de ser uma vermelheza, antes de qualquer coisa no universo ser vermelha, era, ainda assim, uma possibilidade qualitativa positiva. A vermelheza em si mesma, mesmo que encarnada em algo, é algo positivo e *sui generis*. A isso chamo de Primeireza. Nós naturalmente atribuímos a Primeireza a objetos externos, quer dizer, nós supomos que eles tenham capacidades em si mesmos que podem ou

---

therefore, has nothing distinctive and cannot be regarded as a fundamental faculty".

[4] Tal como discutido por DERRIDA, 1994, p. 16.

não já ter sido atualizadas, ou que possam ou não ser alguma vez atualizadas, embora não possamos saber nada de tais possibilidades exceto na medida em que sejam atualizadas. [5]

Essa Primeireza, como vemos, é uma qualidade potencial, algo *sui generis* detectável em um objeto fora de nós ou atribuível a tal objeto. O que importa é que ela se deixe ver tal qual se supõe que ela seja. Por isso, muitos teóricos atribuem à imagem essa passagem pela Primeireza. Ou seja, a Primeireza é aquilo de um *eu* que eu, sujeito, consigo ver em um *ele*. Em outro local, Peirce diz da Primeireza que ela é qualidade e discute:

> O que, então, é a qualidade? Antes de responder, será bom dizer o que ela não é. Não é nada que dependa, em seu ser, da mente, na forma de sensação ou de pensamento. Nem é dependente, em seu ser, do fato de que algo material a possua. Que a qualidade depende do sentido é o grande erro dos conceitualistas. Que ela depende do sujeito no qual ela se realiza é o grande erro da escola nominalista. A qualidade é uma mera potencialidade abstrata. (BUCHLER, 1955, p. 85)

De fato, o erro dessas escolas é o de sustentar que o potencial, ou o possível, não é nada a não ser aquilo que o atual o torna, continua Peirce em seu argumento. A ideia

---

[5] Tradução do CP 1.25, *"firstness is the mode of being which consists in its subject's being positively such as it is regardless of aught else. That can only be a possibility. For as long as things do not act upon one another there is no sense or meaning in saying that they have any being, unless it be that they are such in themselves that they may perhaps come into relation with others. The mode of being a redness, before anything in the universe was yet red, was nevertheless a positive qualitative possibility. And redness in itself, even if it be embodied, is something positive and sui generis. That I call Firstness. We naturally attribute Firstness to outward objects, that is we suppose they have capacities in themselves which may or may not be already actualized, which may or may not ever be actualized, although we can know nothing of such possibilities [except] so far as they are actualized"*.

de qualidade é a ideia de um fenômeno considerado como mônada, sem referência a suas partes ou componentes e sem referência a nada mais. Não está em questão, aqui, se existe ou se é imaginária, já que a existência pressupõe que seu sujeito tem um lugar no sistema geral do universo. Um elemento separado de tudo o mais pode ser pensado, em seu isolamento, como meramente potencial. É importante que pensemos esse elemento como se apresentando no seu aspecto monádico, isto é, indivisível, e a qualidade é aquilo que se apresenta em seu aspecto monádico. Daí ser ela indivisível e *sui generis*, ou original. Aliás, em outro discurso sobre as categorias, a qualidade – a Primeireza – é também tratada de *originalidade*.[6] Mais uma caracterização da Primeireza reforça o que vem sendo dito:

> [... é] uma instância daquela forma de consciência que não envolve análise, comparação ou qualquer outro processo, e nem consiste, no todo ou em parte, de qualquer ato pelo qual um segmento da consciência venha a se distinguir de outro.[7]

Em resumo, a Primeireza seria a possibilidade da sensação se nossos sentidos respondessem a ela. Ou então, a Primeireza é a qualidade difusamente percebida antes de minha experiência se dar conta dela. Em outras palavras, a Primeireza é pré-reflexiva, ou não reflexiva, ela é basal. Pensada de outra forma, ela constitui o elemento estético de toda experiência, inclusive a que propõe ser puramente racional. O que está sugerido nessa frase é que nada que se enquadre na razão o faz sem ter como fundamento um componente estético-sensorial.

---

[6] Refiro-me à introdução do esboço de um trabalho sobre lógica, intitulado "Originalidade, Obsistência e Transuasão", traduzido em Peirce, *Semiótica*, 1977.

[7] CP 1.306. O texto em inglês é: "*An instance of that kind of consciousness that involves no analysis, comparison or any process whatsoever, nor consists in whole or in part of any act by which one stretch of consciousness is distinguished from another*".

A Segundeza, por outro lado, coloca um confronto acional e tem a ver com o momento em que nossos sentidos respondem efetivamente à imposição da sensação primeira. A segunda categoria é o elemento de luta [*struggle*], ou de força bruta, que está presente mesmo quando se trata de um pequeno fragmento da experiência (que é algo da ordem da generalidade a partir das vivências/percepções) e que sempre apresenta certo sentido de nitidez, aparente numa comoção, uma ação e reação, entre nossa mente e o estímulo. A luta é a ação recíproca entre duas coisas, independentemente de qualquer lei ou propósito, isto é, sem qualquer mediação. Ouçamos o que Peirce tem a dizer sobre a Segundeza:

> Comecemos considerando a atualidade e imaginando de que ela consiste. Se eu perguntar de que consiste a atualidade de um evento, ouvirei que ela consiste do seu acontecimento naquele lugar e naquele momento. As especificações de lugar e tempo envolvem todas as suas relações com os outros existentes. Um juiz pode emitir injunções e sentenças contra mim e eu posso não me preocupar com isso em absoluto. Considero-as como névoas insignificantes. Mas quando sinto a mão do policial em meu ombro, começo a ter uma sensação de atualidade. A atualidade é algo bruto. Não há nela nenhuma razão. Visualizemos a tentativa de empurrar uma porta com um ombro e tentar abri-la contra uma resistência silenciosa, não vista e desconhecida. Temos uma consciência bivalente de esforço e resistência que, parece-me, chega toleravelmente perto de uma sensação pura de atualidade. No todo, penso existir aqui um modo de ser de algo que consiste em como é um objeto segundo. Chamo a isso de Segundeza.[8]

---

[8] Tradução de CP 1.24: *"Let us begin with considering actuality, and try to make out just what it consists in. If I ask you what the actuality of an event consists in, you will tell me that it consists in its happening then and there. The specifications then and there involve all its relations to other existents. The actuality of the event seems to lie in its relations to the universe of*

A Segundeza, portanto, está nos domínios daquilo que chamamos de atual (=em ato), de presencial, do visto, do sentido conscientemente, daquilo que percebemos sabendo dessa percepção. A Segundeza é algo do mundo que se impõe à nossa consciência, que se faz perceber de forma bruta simplesmente por estar lá, por se fazer presente. Isto é, a Segundeza é a categoria daquilo que sentimos existir. Recapitulando, a Segundeza está na singularidade do contato com a porta. A dureza que podemos pressentir na porta é a Primeireza vinculada àquele objeto. A Primeireza é o pressentimento da dureza da porta antes de ela agir contra meu ombro, de vez que a ação bruta da porta em contato com o ombro caracteriza uma Segundeza. A Terceireza, por seu lado, é da natureza da previsão:

> Cinco minutos de nossa vida desperta não passarão sem que façamos algum tipo de previsão e, na maioria dos casos, essas previsões se realizarão em um evento. Entretanto, uma previsão é essencialmente de natureza geral e não pode nunca ser inteiramente realizada. Dizer que uma previsão tem uma tendência decisiva a se cumprir é dizer que os eventos futuros, em certa medida, são realmente governados por uma lei. Se um par de dados mostra a face dos seis em cinco jogadas sucessivas, isso é uma mera uniformidade. Pode acontecer fortuitamente que eles mostrem o lado dos seis mil vezes. Mas esse fato não daria a menor segurança a uma previsão de que, na próxima jogada, o resultado será o mesmo. Se uma previsão tem uma tendência

---

existents. A court may issue injunctions and judgments against me and I not care a snap of my finger for them. I may think them idle vapor. But when I feel the sheriff's hand on my shoulder, I shall begin to have a sense of actuality. Actuality is something brute. There is no reason in it. I instance putting your shoulder against a door and trying to force it open against an unseen, silent, and unknown resistance. We have a two-sided consciousness of effort and resistance, which seems to me to come tolerably near to a pure sense of actuality. On the whole, I think we have here a mode of being of one thing which consists in how a second object is. I call that Secondness".

a se cumprir, deve ser que os eventos futuros se conformam a uma regra geral. Mas, "sim", dizem os nominalistas, "essa regra geral não é nada a não ser uma mera palavra ou um mero par de palavras". Respondo eu, "ninguém nunca sonhou em negar que aquilo que é geral é da natureza do signo geral; mas a questão é se eventos futuros vão se conformar a isso ou não. Se se conformarem, seu adjetivo 'mero' está mal colocado" Uma regra à qual eventos futuros têm uma tendência a se conformarem é, *ipso facto*, algo importante, um elemento importante no acontecimento desses eventos. Este modo de ser que consiste, note a palavra, o modo de ser que consiste do fato de que fatos futuros de Segundeza assumirão um caráter geral determinado, a isso chamo de Terceireza.[9]

Eis, portanto, a categoria que é da natureza da lei, à medida que a lei é previsão de futuras instâncias de Segundeza, isto é, de fatos-eventos. A exacerbação da previsibilidade, em termos de nossa experiência cotidiana, é responsável

---

[9] Tradução do CP 1.26: "*Five minutes of our waking life will hardly pass without our making some kind of prediction; and in the majority of cases these predictions are fulfilled in the event. Yet a prediction is essentially of a general nature, and cannot ever be completely fulfilled. To say that a prediction has a decided tendency to be fulfilled, is to say that the future events are in a measure really governed by a law. If a pair of dice turns up sixes five times running, that is a mere uniformity. The dice might happen fortuitously to turn up sixes a thousand times running. But that would not afford the slightest security for a prediction that they would turn up sixes the next time. If the prediction has a tendency to be fulfilled, it must be that future events have a tendency to conform to a general rule. "Oh," but say the nominalists, "this general rule is nothing but a mere word or couple of words!" I reply, "Nobody ever dreamed of denying that what is general is of the nature of a general sign; but the question is whether future events will conform to it or not. If they will, your adjective 'mere' seems to be ill-placed." A rule to which future events have a tendency to conform is ipso facto an important thing, an important element in the happening of those events. This mode of being which consists, mind my word if you please, the mode of being which consists in the fact that future facts of Secondness will take on a determinate general character, I call a Thirdness*".

pela repetitividade a que Husserl já se referia – a repetição infinita da presença na consciência por via da representação interpretada (= generalizada) a partir das instâncias de Segundeza já manifestadas. Essa presença do mesmo, vestido sempre de lei – que determina o pensar, que determina o agir, que determina o viver do dia a dia – instaura, por exemplo, o clichê de que as mídias lançam mão no seu trato diário com os sujeitos da comunicação.[10] A contrapartida da Terceireza seria a possibilidade de escape para o espaço da arte nos termos inaugurados pela sensorialidade de uma presença original, esteticamente percebida em uma Primeireza embutida no presenciamento do fenômeno antes que ele seja engolido pelo clichê da Terceireza uniformizada. Por outro lado, o destino da comunicação formalizada acaba sendo mesmo o de transformar todas as novidades em clichês esgarçados que são rapidamente substituídos por outros que, logo, logo, se esgarçam também. Dando a volta ao avesso, contudo, constatamos que a Terceireza equivale ao próprio pensamento, ao ato mesmo de traduzir o mundo em linguagem e é, por isso mesmo, fundamental para a linguagem em sua ordem e desordem.

Peirce chega à noção de Terceireza pelo caminho da demonstração de que a ideia de sentido é irredutível à de qualidade e à de reação. Ela depende de duas premissas principais: a primeira é a de que toda relação triádica genuína envolve o sentido; a segunda é a de que uma relação triádica não pode ser expressada por meio apenas de relações binárias. A prova

---

[10] Poderíamos pensar o clichê, dentro do senso comum, como aquela forma (ou fôrma) que se cria a partir da reiteração de algo que tinha novidade em seu início. Entretanto, mais que isso, o clichê constitui a terceirização de um processo de originalidade, a transformação de algo em rotina interpretativa. Naturalmente, o clichê serve a muitos propósitos sociais: entre outras coisas, ele serve como freio a iniciativas que, de outra forma, poderiam romper o estabelecido (não é para isso que se mantêm as palavras de ordem, as formas cristalizadas de se referir a algo, os eufemismos, os termos politicamente corretos?).

nos é dada por meio de gráficos existenciais que demonstram que, embora a relação triádica não seja redutível a relações diádicas, as relações de mais de três termos sempre podem se reduzir a uma de três. A rigor, portanto, as categorias são maneiras de pensar o signo como forma lógica, envolvendo as ideias de relações monádicas (X é Y), em que se ressalta a qualidade de algo como passível de representar outro algo por identidade ou analogia, relações diádicas (X faz Y), em que o que se tem é a descrição da relação de força bruta entre X e Y, e relações triádicas (X faz Y com Z, ou por Z, ou para Z, etc.). Cumpre notar que, nestas últimas, tanto faz o sentido do conectivo. Sempre se pode inferir o caráter instrumental ou proposital ou de causação final[11] envolvido naquilo que chamamos de "sentido". De forma muito simples, poderíamos dizer que um, dois e três equivalem a qualidade, fato e pensamento (sentido). E, no fundo, o sentido é aquilo que nos permite ver a qualidade do fato, e o sentido é a constatação da regularidade que o fato terá no futuro.

Alternativamente, podemos pensar que, se a Primeireza constitui referência a uma pura abstração, a Segundeza é referência a um correlato. Em *Writings*, por outro lado, Peirce afirma que "a ocasião da referência a um correlato é obviamente por comparação". A afirmação continua com um exemplo de como se pode pensar o aspecto relacional da Terceireza:

> Nesse caso, concebemos o ato de assassinar e nesta concepção fica representado que, correspondente a cada assassino (assim como a cada assassinato) existe um assassinado; e assim recorremos mais uma vez a uma representação mediadora que representa o

---

[11] Causação final no sentido aristotélico. A produção de sentido, diz Peirce, tem algo de télico, na medida em que os interpretantes sucessivos insistem em trazer o signo de volta ao objeto. Em outras palavras, o signo tende para a representação cabal do objeto através de seus interpretantes.

relato como estando no lugar de um correlato com o qual a representação mediadora está, ela mesma, em relação. (tradução nossa)

Cabe, aqui, uma palavra de aviso: as categorias da experiência não constituem, em si, absolutos da experiência nem podem assim ser pensadas, porque a experiência é sempre relacional. Nesse caso, todo primeiro o é em relação a um segundo e um terceiro, todo terceiro o é em relação a um segundo e um primeiro, e todo segundo o é em relação a um primeiro e um terceiro. Como todo relato e todo correlato fazem parte da experiência, eles já nos vêm como signos e, por conseguinte, já se colocam como seres relativos.

...signorum, e não de signis

Essa discussão de caráter perfunctório sobre algo tão vastamente complexo como a categorização da experiência acaba por nos fornecer outro modo de se pensar o signo em um contexto categórico, já que na relação triádica ele é um primeiro que está por um segundo para um terceiro. Tal modo de pensar se traduz em dizer que um signo é um *eu* que está no lugar de um *ele*, e, ao fazer isso, produz um *tu*, que é um análogo de um *ele-eu* e que está para os dois primeiros, sendo diferente deles.[12] Essa forma de caracterizar o fenômeno a que se dá o nome de "signo" traduz, de maneira mais clara, as três categorias da experiência, o um, o dois e o três.

Um *eu* é um primeiro, algo que decorre de seu alinhamento/comparação/contraste/cotejamento ou, mais geralmente, de sua presença perante um outro, um *ele*, isto é, com qualquer coisa que não esteja dentro do *eu*. Fala-se, aqui, naturalmente, do fato de que é apenas a relação binária, e não um termo

---

[12] Essa forma de pensar as categorias foi talvez a primeira aproximação que Peirce fez ao estabelecimento de seus três registros. Ver, a esse respeito, FISCH, 1982.

sozinho, que é capaz de criar uma id-entidade, isto é, uma entidade que é um *Isso*, por meio da constatação posterior da *idem-tidade* implícita no caráter primeiro das qualidades visíveis no *id – isso* já manifestado como segundo. Da referência que um *eu* faz a um *ele* surge um terceiro termo, um *tu*, algo a que, por ser um *ele* (já que está fora do *eu*) e por ter recebido, por procuração do *eu*, o direito de se chamar vicariamente de *eu*, funciona como um elo, um mediador, entre um *eu* e a alteridade. Ora, o *tu*, o terceiro, é, por isso, um signo que interpreta (PINTO, 1995). Aliás, o signo é um *tu*, porque o signo estabelece uma relação triádica. Nas cadeias semiósicas, os *tus* que estão nelas acabam sendo interpretantes, signos e objetos de signos. Além do mais, o *tu*, relativamente à relação do *eu* com o *ele*, é da ordem da previsão: nós sempre prevemos que aquele *ele* é potencialmente um interlocutor (isto é, vemos no *ele* – um segundo – a possibilidade primeira de *ele* vir a ser um *eu-lá*, ou um *eu-nele*, isto é, um *tu*. Em outras palavras, não se trata de nenhuma reles mediação, de simplesmente algo que está no meio. Trata-se, sim, de um entre-lugar, de uma perfusão, de uma *permediatividade*, se me permitem o neologismo, que se pode comparar a uma extensão de uma metáfora muito querida dos escritores naturalistas do século XIX.[13] Falo da metáfora do organismo, em que a sociedade era vista como uma composição de células que trabalham em prol do organismo. Se isso é assim, o signo é a cadeia de DNA presente em cada célula. Entretanto, ai de nós, sabemos que nas cadeias de DNA estão inscritas as fortalezas e também as fraquezas dos organismos.

Essa dupla possibilidade está implícita no fato de que o interpretante que o signo produz é análogo, mas não igual, ao objeto a que o signo remete. Isso se deve à constatação de que, em primeiro lugar, se o signo é qualquer objeto, qualquer objeto pode ser signo (não existe, portanto, nenhuma designação ontológica ao ser signo, e o

---

[13] Essa metáfora aparece, por exemplo, em *O Cortiço*, de Aluísio de Azevedo.

signo não é um em-si. Por conseguinte, qualquer conjunto de signos, ou texto, também não pode ser visto como um em-si). Em segundo lugar, em outra caracterização do signo, Peirce define-o como qualquer coisa que se refira a um objeto.[14] Ora, se qualquer objeto pode ser signo, ele é necessariamente outras coisas que não signo. Incidentalmente, esse pode ser outro argumento a favor da não ontologização do signo, a saber, a criação do Ser Signo. A sua qualidade material faz dele algo que representa algo apenas naquelas circunstâncias e naquele contexto, e que talvez crie, ele mesmo, um contexto. A rigor, o signo é também o contexto, o que é uma característica-corolário de sua permediatividade.

Como se percebe facilmente, a generalidade de tais conceitos acaba por conduzir Peirce à formulação de sua semiótica como uma Lógica, mas uma lógica de caráter muito peculiar. Em primeiro lugar, há que se constatar a intangibilidade das categorias, que ele chega a chamar de tons ou tonalidades que se emprestam a certas concepções. As categorias não podem ser, na imaginação, dissociadas umas das outras nem de outras ideias. Não se pode prescindir a Primeireza das outras categorias, bem como uma Segundeza não pode ser prescindida da Terceireza. Não se pode pressupor um primeiro sem que esse primeiro seja algo definido ou suposto de forma mais ou menos definida. Entretanto, elas estão postas de maneira indubitável em sua triadicidade. A lógica, diz Peirce,

> [...] em seu sentido geral, é, como acredito ter mostrado, apenas um outro nome para *semiótica* (σημξιωτικη ́) a quase-necessária, ou formal, doutrina dos signos. Ao descrever a doutrina como quase-necessária ou formal, quero dizer que observamos os caracteres dos signos que conhecemos e, a partir de tal observação, por um processo que não receio

---

[14] CP 2.303.

de chamar Abstração, somos levados a afirmações, eminentemente falíveis, e, portanto, em um certo sentido, de forma alguma necessárias, a respeito do que *devem ser* as características de todos os signos usados por uma inteligência "científica", isto é, por uma inteligência capaz de aprender pela observação. A faculdade que chamo de observação abstrativa é perfeitamente reconhecível pelas pessoas comuns, mas as teorias dos filósofos raramente dão a ela alguma atenção.[15]

O "quase-necessário" retira da lógica sua inexorável tendência rumo ao verdadeiro, no sentido de univocidade de sentido, na medida em que se refere ao fato de que, na semiose, a tendência na direção de um sentido não é rígida (em outras palavras, não configura uma relação do tipo "se p, então q", em que o "então" pressupõe a inevitável conclusão "q"). Pelo contrário, as tendências para os sentidos que se produzem são reais, isto é, vão *mais ou menos* na direção geral de uma ideia. Em segundo lugar, a forma de inferência a que aqui Peirce chama de Abstração ou Observação Abstrativa é algo distinto da tradicional dedução (inferência exata de um particular com base em uma lei geral conhecida) e da indução (inferência de uma lei geral com base em uma observação de particulares), formas até hoje preferidas pela ciência tradicional. No fundo de tudo isso, está a convicção de que todas as conclusões são falíveis e provisórias, porque tudo está assentado sobre o signo, sem o qual não podemos pensar. Como diz Peirce, tudo isso é governado pela Terceireza, a Retórica Pura, cuja tarefa é "definir as leis pelas quais na inteligência um signo dá lugar a outro e especialmente uma ideia ocasiona outra".[16]

---

[15] Essa importante afirmação está nos Collected Papers, livro 2, parágrafos 227-229, impressos a partir de um manuscrito de cerca de 1897.

[16] Tradução livre de *"its task is to ascertain the laws by which in every intelligence one sign gives birth to another, and especially one thought brings forth another"*, no CP 2.274-302.

A permediatividade está implícita, repito, no fato de que não se pode pensar, não se pode expressar, não se pode comunicar, não se pode nada sem os signos. Os signos criam os contextos culturais, sociais, físicos, ambientais, astrológicos, esotéricos, científicos, econômicos, cabalísticos, religiosos, fisiológicos ou beligerantes, que produzem signos que produzem tudo isso numa constante reiteração reinterpretada – diferença e repetição – que está sempre aquém daquilo que nós, também signos,[17] almejamos desesperadamente. Haja vista a qualidade total, as utopias totalizantes, as teorias universais, as grandes varreduras conceituais, a grande comunhão entre os homens, etc. etc. *et caterva*, que, por sinal, nunca dão certo. Por isso, todo a utopia tem sua distopia igual e contrária.

Tudo isso está aquém por causa de um simples dado: um signo é sempre análogo, mas não igual, ao seu objeto. Isso quer dizer que ele, ao dizer, falha. A linguagem não é só um produto da falta das coisas e da nossa ânsia pelas coisas. A linguagem é, ela mesma, algo que dá e tira. Ela nos inclui no mundo dos objetos, mas nos exclui do mundo das coisas.[18] O signo, que a inspira, é Jânus: passado e futuro, presença e ausência. Ao mesmo tempo que ele manifesta um objeto, mostra-nos cabalmente que aquilo que está ali não é o objeto. Esse grande *tu* – a alteridade – é uma ficção até que bem funcional. Esta é a constatação feita por Foucault em *As palavras e as coisas*: da discussão da univocidade dos sentidos, do que seria uma relação de parentesco entre o nome e o nomeado, do signo agostiniano do dito que reflete o dizer e vice-versa, chega-se a um signo moderno e, como se verá adiante, também contemporâneo, em que o estatuto

---

[17] Essa é uma das frases mais conhecidas de Peirce: *"Man is a sign"*.

[18] A título de lembrança, *o objeto* é algo conhecido que independe da existência. A *coisa* é algo existente que independe da consciência que qualquer mente tenha dela.

do unívoco se desvanece para dar lugar ao vazio ou, pelo menos, ao caos da significação, à semântica do potencial e do irracional (leio aqui também o sensível), isto é, uma nova relação de representação (FOUCAULT, 2002). E é a esse estado de coisas que a Semiótica de Peirce veio se referir.

Ora, já foi dito que a comunicação é uma forma de ordenar o estado caótico da informação. Este é o sentido semiótico do *Fiat Lux* divino: a linguagem criou o mundo. Este é o sentido do gesto adâmico: nomear os seres – o dar nome aos bois – significa ordenar o mundo pelo conhecimento que a linguagem propicia. Este é o sentido biossemiótico de células se ajuntarem com células para produzir organismos mais complexos, isto é, organismos cada vez mais capazes de arregimentar a informação e, com isso, navegar contra a tendência universal à dispersão, ao desaparecimento – a entropia – pelo viés da complexificação da informação. Comunicar, portanto, seria esse esforço da vida em se manter viva e organizada contra a grande corrente. O comunicar – do qual, lembramos, a linguagem é a morada – tenta produzir sempre o já sabido, nosso grande protetor, o clichê. Mas a linguagem é bífida, ela sempre é e não é, diz e não diz, mostra e esconde.[19]

Se o comunicar é uma tentativa de reduzir a entropia, ordenar o caos, o seu instrumento, com essa sua idiossincrasia, pode implodir o processo: criamos entropia ao tentar reduzi-la. Esse Outro, nosso interlocutor imaginário, representa o casamento da ordem com o caos, do gregarismo com a dispersão, da grande comunicabilidade com o *nonsense* cabal.

Isso que acabo de dizer até que se parece muito com o que defende Luiz Eduardo Soares (1994, p. 161-174). A partir do lugar comum de que somos seres de linguagem, Soares aponta

---

[19] É irresistível a lembrança da sabedoria da frase dita por índios cinematográficos contra o homem branco invasor: *"white man speak with forked tongue"*.

para a fratura insuperável que nos desintegra ao vivermos a injunção paradoxal da experiência do sentido (ou, diria eu, da experiência do quase-sentido sempre). Se a linguagem suporta a alteridade, o movimento constituinte da alteridade a que aludi antes pressupõe e conduz a um processo de alteração. *Eu é um outro.*

O fato de sermos o outro nos possibilita a troca comunicativa, a compreensão, os denominadores comuns, aquele que configura o mesmo. Entretanto, tudo isso se dá no plano da linguagem e dos discursos, e

> [...] essa possibilidade não nos deve apaziguar, pois o que compreende e o que é compreendido dão-se no espaço poroso, conflitante, polissêmico, ambivalente e precário da linguagem, em um contexto de impossibilidades insuperáveis. (SOARES, 1994, p. 162)

Ora, para usar uma metáfora muito querida da contemporaneidade, pergunto: que festa é essa em que vivemos?[20] Um jantar de confraternização ou uma reunião *beatnick*, em que estamos todos juntos, bebemos juntos, mas não nos ouvimos de todo, e em que ninguém presta atenção quando um conviva entediadamente toca saxofone enquanto o outro, também sofrendo de *la nausée,* discursa contra as platitudes melosas dos instrumentos de sopro, dizendo preferir um banjo caipira? Ou ainda uma *rave* em que estamos todos solitariamente juntos ou cada um solidariamente cuidando de si mesmo? Será que, como diz Soares, a nossa sociabilidade carece de alguns adjetivos? *Remota,* diz ele. Ou será que a sociabilidade consegue compreender [abranger, subsumir] a capenguice estrutural do nosso comércio, de nossas trocas?

---

[20] Estou, naturalmente, usando a expressão "sociabilidade" como termo genérico que se pretende referir a todas as tentativas de se produzir um discurso unificador e densamente explanatório do mundo. A palavra, aqui, refere-se e aplica a outros esforços científicos uma tentativa das ciências sociais de generalizar a linguagem para um lugar acima das próprias capacidades descritivas.

Conviria, como sugere ele,

> [...] manter a tensão entre a tendência à disposição agônica que recusa o conceito e a atração a subsumir a complexidade dos movimentos descritos a um metadiscurso integrador? (SOARES, 1994, p. 173)

Nesse metadiscurso integrador, surge o homem, não como sujeito, mas como objeto. Em outras palavras, surge o *homo signatum*.[21] Suspeito que, se é esse o caso, a semiótica talvez fosse mesmo útil, à medida que é pragmática e pressupõe uma estética da experiência e à medida que, pela própria natureza, e dados os seus postulados, ela é um *corpus teórico* que vive dessa tensão constitutiva, ao propor, não o *homo signatum*, mas o *homo signum*. É essa tensão entre um ser-Outro e um estar-um temporário, o provisório compreender sem entender (ou vice-versa), entre o quase chegar lá e o ver que não era lá que se queria ir, mesmo porque o lá já está longe de novo, é essa tensão que embasa a agonia e a exaltação do *homo signum*, homem sujeito objetivo ou objeto subjetivo de seu discurso. Então, para a semiótica, a *doctrina signorum*, a doutrina **dos** signos (*signorum*), e não **sobre** os signos (*de signis*), a doutrina dos homens, e não sobre os homens, trata-se de fazer conviver o sentido intenso com a vagueza quase absoluta, a teleologia com o acaso, a lógica com o nebuloso e o *Umbestimmt*. Por tudo isso, quem sabe ela é útil, à medida que não é nem realista nem idealista, muito antes pelo contrário? Com isso quero dizer que o movimento semiótico de migração do *homo signatum* para o *homo signum* retira dos ombros da teoria aquele peso da referencialidade, da univocidade e da adequação explanatória e descritiva total, sem que, com isso, se perca o gume analítico e um ou outro

---

[21] A título de lembrete, *signum* (signo) e *signatum* (o assinalado, o referido, o objeto) são termos em uso na semiótica pelo menos desde que Santo Agostinho formulou seu pensamento sobre a representação.

insight interessantíssimo, que é, afinal, tudo a que podemos aspirar, de qualquer modo.

Doctrina signorum, afinal

Nesse panorama que saiu das certezas agostinianas para um estado de coisas em que prevalece o indecidível e o errante, Peirce formula, valendo-se das categorias da experiência, o que ele propõe serem as classes de signos, erroneamente tomadas como membros de uma taxonomia e usadas, de modo equivocado, para ir-se rotulando esse ou aquele fenômeno representativo. Essas classes são formas lógicas, contudo, e se referem aos modos como os signos podem ser percebidos ou, alternativamente, nomeiam as fisionomias que os signos podem ir tomando ao longo de uma semiose qualquer. Essas classes têm nomes já bastante conhecidos entre os estudiosos. Organizam-se em três tricotomias (divisões de três), segundo os modos de relação que o signo pode ter, isto é, monádico, diádico, ou triádico. Quanto ao seu aspecto monádico, o signo pode ser um qualissigno, um sinsigno, ou um legissigno. Essa tricotomia se refere ao signos tais como surgem, sem se pensar em qualquer referência ou qualquer interpretação que possam produzir. O signo mais extenso é o qualissigno, mera qualidade. O sinsigno é apenas um existente, um exemplar de um legissigno, abstração (um tipo geral) que se manifesta pelo sinsigno. No seu aspecto diádico, o signo é pensado pelo modo de referência ao objeto e pode ser ícone (aquilo que exibe o objeto), índice (o que aponta para o objeto), símbolo (o que evoca o objeto convencionalmente). Quanto ao seu aspecto triádico (isto é, propriamente lógico, no sentido que essa semiótica dá ao termo *Lógica*), o signo pode ser pensado como um rema, se o interpretante que ele produz em sua referência a um objeto é algo nebuloso, na medida em que é uma função proposicional (tal como "X ama Y"); ou como um dicissigno (ou signo dicente), de vez que parece produzir uma proposição que faz algum sentido (tal como "Maria ama

João"); ou como um argumento, conjunto de dicissignos que parece (mas só parece) reduzir os limites da incerteza (tal como "Maria ama João porque sempre o perdoa"). Só é bom lembrar novamente que todas essas formas sígnicas, inclusive os argumentos, podem ser verbais, visuais, sonoras, olfativas, táteis, tangíveis ou intangíveis ou qualquer combinação dessas possibilidades, porque as palavras são apenas uma entre as muitas faces que os signos podem ter.

Há toda uma gama de combinações possíveis dessas tricotomias, sempre partindo do terceiro para o primeiro, e Peirce lhes dedica uma longa discussão. Esse exercício é o que parece ter fascinado os leitores da teoria semiótica. Tanto é verdade que os muitos trabalhos que adotam esse viés se devotam a um frenesi classificatório que acaba dando à teoria um aspecto estruturalista que ela está longe de ter.

De fato, o que ressalta de relevante nessas formas lógicas em seu conjunto é que elas variam do menos nebuloso (o argumento, terceiro do terceiro) ao quase inefável (o qualissigno, primeiro do primeiro), passando por vários graus de indeterminação. Esta seria a grande contribuição da semiótica tal como Peirce a idealizou: a proposição de uma lógica alternativa, que pudesse dar realce ao fato de que os signos e as coisas têm, entre si, uma relação arbitrária e intransparente e que o processo de significação é, no fundo, uma tensão constante entre o quase insignificante, i.e., o muito extenso (cf. o conceito de *breadth*) e o quase significante, i.e., o muito intenso (cf. o conceito de *depth*).

Daí a noção de sinequismo que marca, além dos aspectos de triadicidade, essa doutrina. Diz Peirce que a realidade é contínua, isto é, não é divisível em porções discretas, como queria a ciência (e, convenhamos, ainda quer), de forma a buscar a exatidão. A descrição e a compreensão dessa realidade são, por isso mesmo, inexatas exatamente porque há um contínuo entre a linguagem e aquilo que ela busca compreender:

> A doutrina da continuidade repousa sobre o fato observado, como vimos. Mas o que abre nossos olhos para

a significância desse fato é o falibilismo. O infalibilista científico comum [...] não consegue aceitar o sinequismo, ou *a doutrina de que tudo que existe é contínuo* porque ele está comprometido com a descontinuidade em relação a todas as coisas que ele imagina ter verificado com exatidão, e, em especial, àquela parte de seu conhecimento que ele imagina ter constatado como determinada. Pois onde existe continuidade, a verificação exata das quantidades reais é obviamente impossível.[22]

Peirce associa a continuidade das coisas, isto é, o sinequismo, à teoria da evolução, tal como proposta por Darwin, e, no CP 1.174, argumenta que evoluir é crescer, não no sentido de um mero aumentar, mas no sentido de diversificar.

> A evolução não quer dizer nada a não ser crescimento no sentido mais amplo da palavra. A reprodução, é claro, é apenas um dos incidentes do crescimento. E o que é o crescimento? Não um mero aumento. Spencer diz que é a passagem do homogêneo para o heterogêneo – ou, se preferirmos a língua inglesa ao Spencerês – diversificação [...] Spencer também diz que é uma passagem do desorganizado para o organizado [...] Mas pense que idéia surpreendente é a diversificação. Existe na natureza tal coisa como aumento de variedade? Se as coisas fossem mais simples, a variedade era menor na nebulosa original, da qual supostamente nasceu o sistema solar, do que ela é agora, quando a terra e os mares estão repletos de formas animais e vegetais com suas intrincadas

---

[22] Tradução nossa e grifo nosso de trecho do CP 1.172: "*The doctrine of continuity rests upon observed fact as we have seen. But what opens our eyes to the significance of that fact is fallibilism. The ordinary scientific infallibilist [–] cannot accept synechism, or the doctrine that all that exists is continuous because he is committed to discontinuity in regard to all those things which he fancies he has exactly ascertained, and especially in regard to that part of his knowledge which he fancies he has exactly ascertained to be certain. For where there is continuity, the exact ascertainment of real quantities is too obviously impossible*".

anatomias e economias ainda mais maravilhosas? Parece ter havido um aumento de variedade, não parece? Entretanto, a lei mecânica, que o infalibilista científico nos diz ser o único agenciamento da natureza, a lei mecânica nunca pode produzir diversificação.[23]

No bojo dessa discussão, está a visão promovida por Peirce de que o sinequismo, também chamado por ele de *continuidade objetiva*, é a síntese do pragmatismo com a teoria do acaso absoluto (*thychism*). Novamente, vislumbra-se a subjacente visão de que a representação – o signo – oscila nos intervalos da quase-necessariedade, sem jamais conseguir atingir os absolutos. O mais perto que se chega desse grande *continuum* é o que ele chamou de *firstness* (a Primeireza), representada pelos signos primeiros (o qualissigno, o ícone, o rema). A lei da natureza – a lei da ciência – é real e imanente e, por isso mesmo, sujeita a mudanças, sendo incapaz de determinação precisa, já que ela, a linguagem, isto é, a lei, faz parte do *continuum* e nem ela mesma se dá a conhecer na sua inteireza.

Surpreende a atualidade desse pensamento. Surpreende a antecipação de toda a discussão de complexidade e de diversidade que se faz contemporaneamente. E mais: tudo isso mostra, com eloquência, que essa semiótica não é, como querem muitos,

---

[23] Tradução nossa do original inglês "*Evolution means nothing but growth in the widest sense of that word. Reproduction, of course, is merely one of the incidents of growth. And what is growth? Not mere increase. Spencer says it is the passage from the homogeneous to the heterogeneous – or, if we prefer English to Spencerese – diversificatio [...] Spencer further says that it is a passage from the unorganized to the organized [...] But think what an astonishing idea this of diversification is! Is there such thing in nature as increase of variety? Were things simpler, was variety less in the original nebula from which the solar system is supposed to have grown than it is now when the land and sea swarms with animal and vegetable forms with their intricate anatomies and still more wonderful economies? It would seem as if there were an increase in variety, would it not? And yet mechanical law, which the scientific infallibilist tells us is the only agency of nature, mechanical law can never produce diversification*" (CP 1.174).

apenas um instrumento para se fazer explicação de textos. Isso é o que ela menos é. Ao contrário, a abrangência dessa teoria dá conta de muitas propostas, por exemplo, no campo da Comunicação. Aliás, muitas teorias que encontram pronta aceitação por acadêmicos com pouca sofisticação em Filosofia da Linguagem se anunciam como praxiologias originais. Entretanto, são apenas apropriações, com outros nomes de batismo, dos postulados mais básicos dessa teoria abrangente da circulação de sentidos, que, depois de passar pela expropriação, acaba sendo descartada como mera epistemologia.

Referências

BUCHLER, J. *Philosophical Writings of Peirce*. New York: Dover, 1955.

DEELY, J. (Org.). *The electronic edition of The Collected Papers of Charles Sanders Peirce*, reproducing Vols. I-VI ed. Charles Hartshorne and Paul Weiss (Cambridge, MA: Harvard University Press, 1931-1935), Vols. VII-VIII ed. Arthur W. Burks (same publisher, 1958), Folio Past Masters, 1995

DERRIDA, J. *A voz e o fenômeno: introdução ao problema do signo na fenomenologia de Husserl*. Tradução de Lucy Magalhães. Rio de Janeiro: Jorge Zahar, 1994.

FISCH, M. et al. (Orgs.). *Writings: The Chronological Edition of the Works of Charles S. Peirce*. Vol. I. Bloomington: Indiana University Press, 1982.

FOUCAULT, M. *A arqueologia do saber*. Rio de Janeiro: Forense Universitária, 2002.

PEIRCE, C. S. *Semiótica*. Tradução de J. T. Coelho Neto. São Paulo: Perspectiva, 1977.

PEIRCE, C. S. *The essencial Peirce, Selected Philosophical Writings, Volume 2* (1893-1913). Indiana University Press: Bloomington and Indianapolis, 1998.

PINTO, J. *1, 2, 3 da Semiótica*. Belo Horizonte: Ed. UFMG, 1995

SOARES, L. E. Drummond e Cummings: modelos dialógicos e experiências da sociabilidade remota. In: *o rigor da indisciplina*. Rio de Janeiro: Relume-Dumará, 1994. p. 161-174.

CAPÍTULO 4

Umberto Eco: a popularização dos estudos semióticos

Julio Pinto
Vera Casa Nova

Umberto Eco é considerado como um dos maiores intelectuais do século XX. Desde a década de 1960, sempre encontramos seus livros expostos nas vitrines das livrarias e até mesmo nos deparamos com publicidade editorial sobre suas últimas publicações.

Notavelmente prolífico, U. Eco tem uma obra vastíssima. Neste pequeno capítulo, pinçamos alguns dos textos que interessam diretamente à Semiótica, mesmo sabendo que, em seus outros livros, inclusive os ficcionais, o olhar semiótico se insinua, como em *O nome da rosa* (1980), *O pêndulo de Foucault* (1989), *Baudolino* (2002), *A misteriosa chama da Rainha Loana* (2005), ou as crônicas do cotidiano em *How to travel with a salmon and other essays* (1998). Se nos for dado buscar um rótulo que o situe em algum dos nichos com que se costuma colocar os pensadores, essa marca seria a daquele que, no afã de compreender os processos semiósicos, os labirintos do signo, busca insumos em todas as manifestações do espírito humano, navegando metateoricamente entre a magia, o candomblé, a tecnologia, a arte, a literatura, a filosofia, a cultura contemporânea. Entretanto, longe de colocar U. Eco como um autor eclético, essa escolha de temas evidencia a propriedade com que o saber semiótico pode se debruçar sobre os fenômenos da comunicação e das trocas simbólicas da vida em sociedade e produzir ilações úteis para todos os que se ocupam de tais assuntos.

De sua obra teórica, portanto, difícil seria destacar os mais importantes. Enfatizamos, por essa razão, os textos que são mais citados e mais utilizados nos estudos acadêmicos.

Em 1962, *Obra aberta* traz uma proposta semiológica de cunho revolucionário: a semiose ilimitada, já proposta pelo americano C. S. Peirce, mas tornada acessível a um público mais amplo com Umberto Eco. A poética da obra aberta tem como pressuposto estético a obra de arte como uma mensagem ambígua, uma pluralidade de significados que coexistem em um só significante. Para essa década, foi uma verdadeira bíblia de consulta.

Apocalípticos e integrados (1964) apresenta-nos uma Semiótica da comunicação que enfoca a cultura de massa. Nessa obra, Eco estuda a estrutura do mau gosto, o *kitsch*, o *midcult*, a retórica e ideologia, as estruturas que movem o sistema da chamada Indústria cultural. Nela, o mito do super-homem é visto na perspectiva de uma semiótica da comunicação e ainda em sua apresentação como mensagem redundante. Alguns desses temas são recorrentes em toda sua obra.

Umberto Eco é um dos primeiros pensadores dos signos, juntamente com R. Barthes, a pensar a cultura de massa e os meios audiovisuais, como a TV e sua participação no cotidiano da sociedade. Essa obra foi tão bem-sucedida que seu título generalizou-se a ponto de ser utilizado na identificação de afiliações teóricas daqueles que se dedicam aos estudos e à prática da comunicação.

A estrutura ausente (1968) é um dos livros mais importantes para a Semiótica dos discursos. Eco, estruturalista, pelo próprio tempo, traça, com base na retórica antiga, as interações entre retórica e ideologia e passa por questões que, na época, estavam em voga, como o código cinematográfico, a mensagem publicitária, o signo arquitetônico e ainda "passeia" pela filosofia e pela antropologia. Discute Lévi-Strauss, Barthes, Jakobson, e Saussure. Vai a Hjelmslev, Lacan, Heidegger e Peirce, Merleau-Ponty, Derrida, Foucault, Sartre e Chomsky. Dessa miscelânea generosa de teorias erige um pensamento de limite – a Semiótica da cultura – já que

> [...] a comunicação engloba todos os atos da práxis, no sentido de que a própria práxis é comunicação global, é instituição de cultura e, portanto, de relações sociais. É o homem que se assenhoreia do mundo e permite que a natureza se transforme continuamente em cultura. (ECO, 1976a, p. 419)

Em *As formas do conteúdo* (1971), continua sua pesquisa semiológica do livro **Estrutura ausente**, recuperando a realidade cultural e sua relação com as formas de significação. Repensa as relações entre a lógica estrutural e a dialética, nas semelhanças e diferenças e, mais uma vez, dentro de sua lógica, levanta a questão da semiose ilimitada.

O super-homem de massa (1978) é uma prática de análise semiológica tendo a retórica e a ideologia, mais uma vez, como relação persistente no romance popular. As estruturas problemáticas *versus* as estruturas de consolação na cultura e/ou subculturas transparecem no tratamento de Eugene Sue, I beati Paoli, Monte Cristo, Rocambole, Tarzan, Arsène Lupin e num capítulo dedicado ao estudo das estruturas narrativas privilegiadas pelo autor do 007, Ian Fleming.

No livro *Conceito de texto* (1984), Eco desenvolve sua análise valendo-se de dois de seus livros: *O tratado geral de semiótica* (1975) e *Lector in Fabula* (1979). Do *Tratado* revê a função sígnica e sobretudo o interpretante (peirciano), passando pelo modelo semântico e pela análise componencial. O conceito de texto se liga à análise do *Lector in fabula* ao conceito de leitor modelo produzida pelo autor, no caso Alphonse Allais. Ao que tudo indica, essa obra seria a contrapartida que Eco apresentaria ao *S/Z* de Barthes.

Por volta desse mesmo ano de 1984, surgem obras marcantes. Uma delas é *Semiótica e filosofia da linguagem*, em que Eco revisita Peirce, discutindo as questões do significado e do sentido embutidas em uma discussão sobre os dicionários e as enciclopédias e na problemática da especularidade (em última análise, repensando a *mimesis*). A outra é *Viagem na irrealidade cotidiana*, uma coletânea em que temas da contemporaneidade são abordados de Semiótica maneira, mas também de modo a que o leitor em geral consiga olhar criticamente a cultura do simulacro e da imitação, da representação em que a imagem é autônoma em relação ao seu objeto, agora praticamente inexistente. Uma terceira, publicada pela editora da Universidade de Indiana em Bloomington, resulta de uma parceria com Thomas A. Sebeok e é de especial interesse para os especialistas em Semiótica. Trata-se de *The Sign of Three: Peirce, Holmes, Dupin* (publicada no Brasil em 1991 com o título de *O signo de três*). O tema desse livro são as estruturas inferenciais, em especial os mecanismos abdutivos, isto é, aquilo que Peirce alternadamente chamava de retrodução ou hipótese. O mecanismo abdutivo é o grande responsável pela lógica da descoberta. Daí *O signo de três* discutir exatamente as formas como trabalham os detetives presentes em seu subtítulo, não por dedução, não por indução, mas por meio da formulação de hipóteses altamente arriscadas, mas exploradoras de novos terrenos investigativos.

Os limites da interpretação (1990) é a tentativa desse autor em produzir uma teoria da Semiótica da recepção, já que em seus livros anteriores são indiciados muitos desses temas e tópicos que agora leva adiante. Tendo consciência da mudança de paradigmas, Eco se dispõe a pensar uma pragmática da leitura. No centro da teoria, figura o par leitor-autor e suas inúmeras possibilidades. A *Inventio lectoris* parte das discussões da estética da recepção que W. Iser e Jauss, na década de 1970, na Alemanha, descrevem e que se junta ao pensamento de *Obra aberta*. Em *Os limites da interpretação*, Eco analisa aspectos que vão da Semiose hermética ao trabalho da interpretação, tendo sempre como pressuposto a Semiose ilimitada de Peirce.

Livro também seminal é *Kant e o ornitorrinco* (1997), publicado no Brasil em 2001. É um conjunto de ensaios escritos num período aproximado de um ano e marcado por notável organicidade. O livro passeia com certa vagueza (que é, aliás, cara às semióticas), mas com marcante propriedade, em torno da temática da percepção e da cognição. Discute o Ser visto pela filosofia, pela arte e pela ciência, fala da própria Semiótica e sua relação com o Algo, aborda Peirce e Kant ao tratar dos juízos analíticos e sintéticos, discute os *schemata*, os iconismos primários, os hipoícones, e depois propõe uma visão semiótica pessoal sobre a percepção e a cognição, o ver e o interpretar. Retoma também a discussão iniciada em *Semiótica e filosofia da linguagem* sobre o dicionário e a enciclopédia (respectivamente correspondentes ao significado e ao sentido propriamente interpretativo daquilo que Peirce chamaria de *terceiro*. Por fim, revisita a denotação com base em Aristóteles, Boécio, Anselmo, Abelardo, Tomás de Aquino, Bacon, Duns Scoto, Okham, Hobbes e Mill. O que transparece da leitura desse texto é que existe uma Semiótica implícita na distinção entre juízos analíticos e juízos sintéticos e que é possível entrever em Kant um pensamento sistemático sobre os signos. Daí a marcada relação, neste filósofo, entre o saber e o comunicar.

Eco também faz incursões no terreno da tradução. Em 2003, publica *Dire Quase la Stessa Cosa*, que, no Brasil, ganhou o título *Quase a mesma coisa* (2007). Nesse livro, retoma discussões feitas em *Experiences on translation* (2000) e ressalta a tradução como negociação, e não como mera transposição palavra a palavra. Traduzem-se textos, e não palavras, isto é, traduzem-se os contextos das palavras, e não elas mesmas.

No todo, talvez o que melhor descreve a trajetória acadêmica de Umberto Eco seja a sua constante tentativa de fazer relacionar, por meio de leituras muito pessoais, as tradições linguísticas e filosóficas do pensamento sobre o signo, numa demonstração de notável abrangência intelectual.

Referências

ECO, U. *A estrutura ausente*. São Paulo: Perspectiva, 1976a.

ECO, U. *A obra aberta*. São Paulo: Perspectiva, 1976b.

ECO, U. *As formas do conteúdo*. São Paulo: Perspectiva, 1971.

ECO, U. *Apocalípticos e integrados*. São Paulo: Perspectiva, 1964.

ECO, U. *Lector in Fabula*. São Paulo: Perspectiva, 1979.

ECO, U. *Os limites da interpretação*. São Paulo: Perspectiva, 1990.

ECO, U. *O super-homem de massa*. São Paulo: Perspectiva, 1978.

ECO, U. *Quase a mesma coisa*. Rio de Janeiro: Record, 2007.

ECO, U. *Semiotics and the Philosophy of Language*. Bloomington: Indiana University Press, 1984.

ECO, U. *Tratado geral de semiótica*. São Paulo: Perspectiva, 1975.

ECO, U; SEBEOK, T. *The Sign of Three*. Bloomington: Indiana University Press, 1982.

Capítulo 5
Semiótica greimasiana: estado de arte

Ana Cristina Fricke Matte
Glaucia Muniz Proença Lara

Os primeiros comentários que chegam a qualquer pesquisador disposto a enveredar pelos caminhos da Semiótica do discurso (também chamada de semiótica greimasiana ou semiótica francesa) são desanimadores. Se não se tratar um indivíduo persistente – ou, diríamos mesmo, "teimoso" –, ele acabará desistindo, antes mesmo de começar. E não estamos aqui falando das dificuldades inerentes à teoria (aliás, a toda e qualquer teoria), como, por exemplo, o uso da metalinguagem (o "semiotiquês"). As críticas a que nos referimos são aquelas que afirmam ser a semiótica uma teoria que desconsidera o contexto, que deixa de lado a história, que se mostra, enfim, imperdoavelmente estruturalista.

Evidentemente, muitas das análises que se valem da semiótica como teoria de base podem incorrer nesses "pecados", se os textos forem superficialmente considerados. Este artigo pretende sugerir outro olhar sobre a semiótica do discurso ou greimasiana – se quisermos homenagear seu fundador, o lituano Algirdas Julien Greimas – fornecendo subsídios mínimos para seu conhecimento e compreensão de seus limites e fronteiras.

Semiótica: definindo o objeto e o ponto de vista

Se dissermos simplesmente que objeto da semiótica é o sentido, em nada a estaremos distinguindo de outras disciplinas, como a filosofia, a antropologia, a sociologia, entre outras, que se ocupam desse mesmo objeto. Cabe, portanto, já de saída, uma restrição: a semiótica, inspirada na fenomenologia, interessa-se pelo "parecer do sentido", que se apreende por meio das formas de linguagem e, mais concretamente, dos discursos que o manifestam. Trata-se, pois, segundo Bertrand (2003, p. 21), de uma "abordagem relativista de um sentido, se não sempre incompleto, pelo menos sempre pendente nas tramas do discurso".

Tomando, assim, o texto como objeto de significação, a semiótica se preocupa em estudar os mecanismos que o engendram, que o constituem como um todo significativo. Em outras palavras: procura descrever e explicar o que o texto diz e como ele faz para dizer o que diz, examinando, em primeiro lugar, o seu plano de conteúdo, concebido sob a forma de um percurso global que simula a "geração" do sentido. Ao priorizar o estudo dos mecanismos intradiscursivos de constituição do sentido, a semiótica não ignora que o texto é também um objeto histórico, determinado na sua relação com o contexto. Apenas optou por olhar, de forma privilegiada, numa outra direção.

Uma teoria estruturalista ou pós-estruturalista?

Ser estruturalista é, hoje, em muitos domínios, quase um crime. De uns tempos para cá, começou-se a ouvir muito, no meio, em defesa contra essa "terrível" acusação, a alegação de que a semiótica teria avançado para uma abordagem pós-estruturalista. Para entender melhor nossa posição ante a essa polêmica, cabe retomar o evento do aparecimento dessa disciplina no âmbito da linguística.

A semiótica ganhou espaço no início da década de 1970, época em que, em seu bojo, os maiores avanços eram feitos no nível narrativo. Afinal de contas, o que é o nível narrativo senão funções e funtivos, relações lógicas, extemporais e praticamente esvaziadas de conteúdo figurativo e temático? O nível narrativo é desprovido de tempo, de espaço, de pessoalidade. Vamos a um exemplo. Se contamos a alguém a história do patinho feio começando com:

> Era uma vez um cisne maravilhoso e muito feliz, que escondia por trás de sua exuberância uma história bastante dolorosa. Quando chegou ao lago onde agora vive com seus companheiros, ele sequer poderia imaginar que seu percurso de dor estava prestes a acabar.

Começamos contando a história pelo final, mas isso somente do ponto de vista discursivo. O que garante que esse é o final da história, e não o começo, mesmo que sejam minhas as primeiras palavras ao iniciar esse relato, é o nível narrativo. As figuras e a temporalidade do nível discursivo denunciam uma estrutura lógica de pressupostos e pressuposições, segundo a qual o estado atual do Sujeito é um estado de realização, dada sua conjunção com o objeto-valor "felicidade". A realização pressupõe um percurso que vai da: a) potencialização do sujeito, passando por b) sua virtualização e c) sua atualização, antes de mudar seu estado inicial de disjunção, e chegando à d) realização. Em outras palavras, o cisne precisou a) perceber sua não conjunção com o objeto, b) querer ou dever alterar esse estado, c) munir-se dos saberes e poderes necessários para efetuar a mudança antes de, propriamente, d) realizá-la. Bem resumidamente e mais figurativamente falando: a) perceber-se um pato em falta com a identidade social, b) desejar ser aceito, c) crescer para poder ser d) reconhecido como cisne. Não importa a ordem em que esses estágios são apresentados, eles sempre têm, na narrativa, a mesma posição lógica.

Essa estrutura tão bem amarrada pode soar como uma armadura. A análise exclusivamente narrativa de um texto vai, sim, excluir a história e o contexto, tendo pouco a dizer sobre a intertextualidade na maior parte dos casos. Portanto, em virtude da grande proeminência dos estudos narrativos da semiótica da época (a chamada "semiótica standard"), a semiótica como teoria estruturalista ganhou uma imagem muito restritiva no que concerne aos interesses dos analistas do texto e do discurso. No entanto, antes de ser uma armadura na qual devemos "enfiar" os heróis de nossas histórias, a narrativa funciona como uma espinha dorsal que equilibra valores e discurso. Diferentemente de engessar uma análise, a narrativa tem o poder de explicitar relações lógicas que o discurso manipula a fim de produzir efeitos de sentido. Em outras palavras: se a semiótica oferece modelos (enunciativos, narrativos, figurativos e passionais) para a análise, esses modelos não são dados de uma vez por todas, mas convocados ou revogados pelo exercício concreto do discurso.

E, evidentemente, não podemos falar que conhecemos uma teoria apenas por ter entendido uma parte de seus conceitos. O percurso que engendra o sentido, segundo a semiótica, agrega valores a oposições semânticas, no nível mais abstrato e profundo, permitindo estabelecer, nas sequências lógicas do nível semionarrativo, pontos de referência. Assim refencializadas, as estruturas narrativas servem de suporte às figuras e temas do discurso, que as especializam dentro de um universo de possibilidades semânticas; à dinâmica temporal, espacial e de pessoa, que as concretizam em relação ao mundo dinâmico das coisas e dos seres; e às pistas que denunciam a enunciação sempre pressuposta a qualquer evento de discursivização e textualização. Visto dessa forma, o percurso gerativo não mais aparece como estrutura estática, mas como um sistema dinâmico produtor de sentidos.

Assim, embora beba nas fontes antropológica e fenomenológica, a semiótica é, sim, em grande parte, estrutural e de inspiração hjelmsleviana. Não se manteve, no entanto, num puro formalismo – apreendendo o sentido via suas descontinuidades e centrando-se na análise das estruturas enunciadas, independentemente do sujeito da enunciação. Ao contrário, investiu nos campos da enunciação, das paixões, da expressão e da continuidade. Essas investidas, por outro lado, não representam uma evolução da teoria semiótica no sentido de um pós-estruturalismo; significam, antes, que o próprio estruturalismo que a gerou já continha esses traços de modernidade que hoje lhe permitem atuar em espaços tão diferenciados, da ciência à poética.

Uma palavra sobre a enunciação

Segundo Bertrand (2003, p. 29-31), uma das principais críticas feitas à abordagem semiótica do texto refere-se à "ausência da enunciação". Nessa perspectiva, o citado formalismo, ligado ao princípio de imanência reivindicado pelos semioticistas, levaria os fenômenos estudados a entrar num "sistema fechado de relações", quebrando o elo entre o discurso e seu sujeito.

Ora, se, num primeiro momento, os semioticistas, na maioria de seus trabalhos, assumiam uma "boa distância" do sujeito da enunciação, pressupondo-o pela própria manifestação do discurso, mas mantendo-o cuidadosamente dentro dos limites de pertinência que a teoria fixou ao privilegiar o texto-enunciado, tal situação alterou-se, à medida que a semiótica foi, progressivamente, integrando, em seu quadro, as contribuições da linguística da enunciação. A concepção de discurso como interação entre sujeitos (enunciador e enunciatário) foi, aos poucos, "se aproximando da realidade da linguagem em ato, procurando apreender o sentido em sua dimensão contínua e estreitando cada vez mais o estatuto e a identidade de seu sujeito" (BERTRAND, 2003, p. 18).

Não se trata, evidentemente, de abandonar a semiótica do enunciado, que destaca as articulações internas do texto ao estudar as regras de composição transfrástica, os princípios de coerência, as formas de estruturação articuladas em diferentes níveis, mas de associá-la a uma semiótica da enunciação, centrada nas operações de discursivização, que, dessa forma, reintroduz o sujeito do discurso e a dimensão intersubjetiva da interlocução.

Semiótica ou semióticas?

Pelo que foi dito no item 2, já deve ter ficado claro para o leitor que a semiótica francesa é, antes de tudo, uma semiótica linguística, herdeira de Saussure. Segundo esse autor (s.d., p. 24), a linguística deve debruçar-se sobre a linguagem (note-se: língua, não fala), fazendo, assim, parte de uma semiologia que se ocuparia de todas as linguagens. Essa semiologia faria parte da psicologia social, que, por sua vez, faria parte da psicologia geral. Em um breve artigo, publicado originalmente em 1967, sobre as relações entre a linguística estrutural e a poética, Greimas (1971) expõe o paradigma semiótico como uma teoria pertencente à linguística, e não como uma teoria que engloba a linguística. Já no *Dicionário de Semiótica*, no verbete "semiótica" (GREIMAS; COURTÉS, s.d., p. 409-416), assume-se que o termo é empregado em múltiplos sentidos, ora como objeto, ora como teoria, ora como sistema, alterando-se de um para outro a relação englobante/englobado em relação à linguística.

Sem entrar no mérito da discussão sobre a relação englobante/englobado, sustentamos que semiótica vai além da linguística, estendendo-se para outros domínios, como, por exemplo, a comunicação, as artes, a sociologia e, mais recentemente, a ciência da informação e a computação. Trata-se, pois, de uma teoria linguística com grande poder interdisciplinar, que permite análises textuais nos mais diversos campos do conhecimento que dela podem valer-se para resolver problemas relativos à construção do sentido em diferentes objetos.

A semiótica como sistema também possui duas facetas: os sistemas semióticos podem ser tipificados segundo a oposição mundo natural *versus* mundo da linguagem ou segundo as diferentes linguagens que se identificam. Logo, ouviremos também falar em semiótica musical, semiótica, visual, etc., além de semiótica verbal. Essa aparente falta de limites para o uso do termo dentro da semiótica francesa decorre da história do termo, a que nos referimos acima. Como resultado, temos na verdade uma supervalorização do objeto maior da semiótica: a semiose propriamente dita, indo além de escopos teóricos e de áreas e de sistemas. A semiose (Greimas; Courtés, s.d., p. 408-409) é a própria função semiótica: processo de produção de sentido, o feito que permite às coisas dizerem o que nos dizem. O "espalhamento" desse objeto, até mesmo na própria conceituação da semiótica, indica que, para a teoria greimasiana, não se trata de explicar o texto pelas coerções do contexto e da história, mas de discutir a interpretação de contexto e história como efeitos da textualização que, em última análise, é a instância que de fato os cria. Daí termos afirmado que a semiótica não ignora o texto como um objeto histórico, apenas assume um olhar diferente sobre as variáveis sócio-históricas ou as condições de produção que engendram esse "objeto".

Em bom português e para não fugir a uma possível polêmica, significa que, no escopo dessa teoria, somos seres de linguagem e somente por meio da linguagem apreendemos o mundo e o interpretamos. A semiótica francesa pretende-se uma teoria científica em construção: uma teoria capaz de minimizar (jamais excluir, jamais superar, apenas minimizar) os efeitos que os limites culturais, dos quais a linguagem é a representante maior, impõem sobre o analista.

Da descontinuidade à continuidade: um olhar sobre as paixões

Em sua introdução ao livro *Semiótica das Paixões* (Greimas; Fontanille, 1993, p. 9-20), Greimas traz à tona um problema que tem sido a pedra de toque da maioria dos avanços científicos em quase todas, senão todas, as áreas do conhecimento: a questão do mundo como contínuo. Para a linguística, a apreensão do mundo como descontínuo significou a criação de inúmeras e profícuas teorias, com avanços indubitáveis que duraram todo o século 20. Em virtude dessa fertilidade do tratamento dos fenômenos linguísticos como fenômenos discretizáveis, certas perguntas que imprimiam um sentido inverso ao tratamento dos dados foram sistematicamente deixadas de lado pelos cientistas.

No entanto, no seio da teoria semiótica, bem como no seio de muitas outras teorias e campos do conhecimento, alguns problemas não resolvidos, graças a essa postura, ganharam, no decorrer dos anos, importância tal que não mais puderam ser desprezados. As paixões semióticas congregam alguns desses problemas, desde a conversão entre os níveis e a dinâmica nada discreta do nível fundamental que implica a tensividade, até problemas relativos à aspectualização (dinâmicas de tempo, espaço e pessoa).

Quanto às paixões, cabe dizer que a semiótica, num primeiro momento, privilegiou as estruturas da ação, buscando explicar as transformações nos "estados de coisas". Nesse caso, pouco ou nada se falava do sujeito que passava por essas transformações e que experimentava diferentes "estados de alma" na sua relação com o objeto-valor e com outros sujeitos (destinador, antissujeito). No entanto, os avanços no estudo da modalização do ser abriram, definitivamente, o caminho para a semiótica das paixões, que, diferentemente da lógica e da psicanálise (que enfocam as paixões apenas do ponto de vista taxonômico), voltou-se para a descrição do processo, buscando dar às paixões-lexemas e a suas expressões discursivas definições sintáticas (Barros, 1988, p. 61).

No quadro da semiótica, o sistema passional relaciona um nível social a um nível individual. A existência semiótica do sujeito passional depende dessa dinâmica, existindo no sujeito individualmente apenas como característica potencial, mas determinante de um estilo semiótico que funciona como pressuposto para determinadas escolhas desse sujeito. Somente uma avaliação cultural do modo de ação do sujeito pode transformar seu estilo em uma paixão, moralizada. Portanto, a percepção de que um determinado modo de ser corresponde a um estilo normal ou excessivo/insuficiente depende da cultura em que se insere. Essa abordagem é corroborada pela análise do ponto de vista do sujeito passional, que não concorda com o excesso percebido pela sociedade em seus atos: para ele, trata-se sempre de justa medida. Evidentemente, esse sujeito pode automoralizar-se, assumindo os valores da cultura à qual pertence para julgar seus atos como excessivos ou insuficientes.

A categoria excessivo/insuficiente não é discreta, é contínua; não se trata de posições, mas de faixas de posições possíveis ligadas a uma valoração. Sendo faixas, não são estáticas: dependendo do contexto, um mesmo ponto pode ser excessivo ou justa medida. Os estudos dessas relações implicaram abordagens mais minuciosas dos fenômenos aspectuais, que começaram a ser discutidos como efeitos diretos do nível fundamental no discursivo. Uma primeira incursão nesse sentido foi a abordagem dos fenômenos do nível fundamental, as oposições de base do texto. As categorias semânticas passaram a ser estudadas conforme suas profundidades extensas e intensas, que, correlacionadas, resultando em modos de relação substituindo os modelos discretos (FONTANILLE; ZILBERBERG, 2001, p. 9-10).

Esses avanços teóricos e metodológicos no sentido de lidar com os fenômenos contínuos tornam a teoria semiótica uma poderosa ferramenta para análises de linguagem que acarretem relações com a macrossemiótica do mundo natural, tal como a análise da expressão de emoções na fala via fonética acústica e em direção à síntese computacional da fala emotiva. Da poética à tecnologia, novos horizontes de aplicações e questionamentos instigam o pensamento semiótico e apontam para um futuro de realizações e aplicações altamente produtivas para a ciência do século XXI.

É preciso que fique claro, no entanto, que essas "novas" formas de fazer semiótica não têm a pretensão de substituir a semiótica dita "clássica" – que tem no quadrado semiótico e no esquema narrativo canônico seus "estandartes" – mas apenas avançar em direção a outros pontos de vista e/ou outras coerências, o que tem o mérito de apontar para uma teoria nunca pronta e acabada, mas em contínua remodelação.

Referências

BARROS, D. L. P. *Teoria do discurso: fundamentos semióticos*. São Paulo: Atual, 1988.

BERTRAND, D. *Caminhos da semiótica literária*. Bauru, SP: EDUSC, 2003.

FONTANILLE, J.; ZILBERBERG, C. *Tensão e significação*. São Paulo: Discurso Editorial; Humanitas/FFLCH/USP, 2001.

GREIMAS, A. J. Las relaciones entre la lingüística estructural y la poética. In: SAZBÓN, J. (Org.). *Lingüística y communicación*. Buenos Aires: Nueva Visión, 1971.

GREIMAS, A. J.; COURTÈS, J. *Dicionário de semiótica*. São Paulo: Editora Cultrix, s.d.

GREIMAS, A. J.; FONTANILLE, J. *Semiótica das paixões*. São Paulo: Ática, 1993.

SAUSSURE, F. *Curso de lingüística geral*. São Paulo: Cultrix, s.d.

Os autores

ANA CRISTINA FRICKE MATTE

Tem doutorado em Semiótica e Linguística Geral pela Universidade de São Paulo e pós-doutorado em Semiótica pelo Centre de Recherches Sémiotique (Paris). É professora da Faculdade de Letras da Universidade Federal de Minas Gerais, atuando na área de Língua Portuguesa (Estudos Textuais e Discursivos). Publicou os livros: *Autocorreção e auto-avaliação na produção de textos escolares* (1999) e *O que dizem da língua os que ensinam a língua* (2004), além de ter organizado as coletâneas *Lingua(gem), texto, discurso: entre a reflexão e a prática* – Vol. 1 (2006) e, juntamente com Ida Lucia Machado e Wander Emediato, *Análises do discurso hoje* – Vols. 1 e 2 (2008).

GLAUCIA MUNIZ PROENÇA LARA

É professora da Faculdade de Letras da Universidade Federal de Minas Gerais na área de Língua Portuguesa (Linguagem e Tecnologia). Tem doutorado em Semiótica e Linguística Geral pela Universidade de São Paulo e pós-doutorado em Fonética Acústica pela Universidade Estadual de Campinas. Autora de diversos artigos, organizou a coletânea *Lingua(gem), texto, discurso: entre a reflexão e a prática* – Vol. 2 (2007) e desenvolve pesquisas sobre Linguagem, Tecnologia, Semiótica e Educação.

Graça Paulino

Doutora em Teoria Literária pela UFRJ (1990), foi professora de Teoria da Literatura e Semiótica da Faculdade de Letras da UFMG, onde participou do corpo docente da graduação em Letras e da pós-graduação em Linguística e Literatura Comparada até 1994. Em 1996, ingressou como professora, através de novo concurso, na Faculdade de Educação (FaE) da mesma Universidade, onde hoje atua com as graduações em Pedagogia, em Letras e na pós-graduação em Educação (Linha de Pesquisa: Educação e Linguagem). É pesquisadora vinculada ao Ceale na FaE. Publicou pela FTD o livro didático *Literatura: participação e prazer* (1986), destinado ao Ensino Médio. Organizou com Aparecida Paiva, Aracy Martins e Zélia Versiani diversas coletâneas sobre leitura literária na escola, publicadas pela Autêntica Editora. Pela Saraiva, é coautora de *Intertextualidades: teoria e prática* e de *Tipos de texto, modos de leitura*. Tem ainda diversos artigos publicados em periódicos das áreas de Ciências Humanas e Letras.

Julio Pinto

É Ph.D. pela University of North Carolina at Chapel Hill, EUA, com pós-doutorado pela Universidade Católica Portuguesa. É professor de Semiótica na Pontifícia Universidade Católica de Minas Gerais, onde coordena o Programa de Pós-graduação stricto sensu em Comunicação Social.

Vera Casa Nova

É professora da Faculdade de Letras da Universidade Federal de Minas Gerais, na graduação e na pós-graduação. Fez doutorado em semiologia pela Universidade Federal do Rio de Janeiro/Letras e estágio de pós-doutorado em Antropologia Visual na Ecole des Hautes Études en Sciences Sociales, em Paris, sob a supervisão de Georges Didi Huberman. É poeta e ensaísta. Organizou com Paulo Bernardo Vaz *Estação Imagem; desafios*, pela Ed. UFMG, com Paula Glenadel, *Viver com Barthes*, pela Ed. 7 Letras. Publicou ainda o livro *Fricções: o traço, o olho e a letra*, pela Ed. UFMG, entre outros.

QUALQUER LIVRO DO NOSSO CATÁLOGO NÃO ENCONTRADO NAS LIVRARIAS PODE SER PEDIDO POR CARTA, FAX, TELEFONE OU PELA INTERNET.

Rua Aimorés, 981, 8º andar – Funcionários
Belo Horizonte-MG – CEP 30140-071

Tel: (31) 3222 6819
Fax: (31) 3224 6087
Televendas (gratuito): 0800 2831322

vendas@autenticaeditora.com.br
www.autenticaeditora.com.br

ESTE LIVRO FOI COMPOSTO COM TIPOGRAFIA PALATINO E IMPRESSO EM PAPEL OFF SET 75G. NA FORMATO ARTES GRÁFICAS.